सफ़र

सदाबहार शायरी

By

SUBHASH H ATRI

notionpress.com

INDIA · SINGAPORE · MALAYSIA

ISBN 979-8-88909-984-0

Preface - 1

मुख्य पृष्ठ
'सफर'

दोस्तों, 'सफर' यह मेरी ज़िंदगी की एक खोज है। यह किताब पूरी करने में मुझे करीब चालीस साल लग गये। इन चालीस सालों की लम्बी दौड़ में कई उतार-चढ़ाव आये। खुद के साथ, कभी घरवालों के साथ, कभी दोस्तों के साथ। यही ज़िंदगी की उतार-चढ़ाव का एक हसीन दौर है।

दोस्तों, कइयों के दिल जुड़ते है, कइयों के दिल टूटते हैं। यही तो ज़िंदगी का एक हसीन दौर है। दिल टूटना, फिर किसी से दिल का जुड़ना। नाकामयाबी को छोड़, कामयाबी की तरफ चलना, यही तो ज़िंदगी है। इस पूरे सफर का मज़ा ही अलग है। आंसू तो हमेशा ही अपने होते हैं, पर अपने लिए कभी नहीं बहते। ये तो बहते हैं, अपनों के लिए या कभी गैरों और बेगानों के लिए।

शायरी तो एक हसीन शौक है। लिखना, पढ़ना, याद करना, याद रहना एक-एक पहलु है। इस शायरी के लिए शायर या तो सिर्फ लिखता है या बयान भी करता है। मैने भी कई ठोकरें खायी है इस जिन्दगी में और मैने अपने करीबियों को भी देखा है ठोकरें खाते हुए। इन ठोकरों में सफलता का असफलता का अलग-अलग दौर है। हर एक ठोकर को दिल में रखना, और शायरी के रूप में अपनी किताबों में दर्ज करना

उचित कार्य है। ऐसे ही कई चेहरों का जीवन मैने करीब से देखा तो लिखना शुरु कर दिया और 'सफर' के रूप में लिखता रहा और आगे भी लिखता रहूंगा।

मैं खुद चार डिग्री पास हूँ। साइंस मेरा चहिता विषय था, लेकिन शायरी लिखना मेरा शौक था और आज भी है। अहमदनगर की हसीं-वादियों में, मैं पला बढ़ा, और हकीकत क्या है ये जाना। कितना करीब था मैं कई वस्तुओं से और कितना दूर निकल गया। जिन्दगी में कई मकाम आये, खंडहर बन गये। यही तो सीखना है हमें कि अगर कोई गलत हो रहा हैं या अपने बारे में बुरा कह रहा है, उसे सच्चाई से मोड़ना और गलतफहमियों से समझौता कराना ही उचित है। यही अच्छी सोच को जिन्दगी में मैने जगह दी है। गलत सोच को मैने नकारा है, कहीं भी अपनी ज़िंदगी में उसे प्रवेश नहीं करने दिया। इसी सही सोच से जिन्दगी मैने बढ़ाई है और बढ़ाता रहूंगा।

इसी सच्ची सोच का इरादा पक्का कर मैने 'सफर' किताब लिखना शुरू किया। उम्मीद है, यह किताब आपके अपने हर पहलु को भी जागृत करेगी। अच्छी सोच के विचार हमेशा ऊंचे और अच्छे होते हैं।

मेरे सारे शेर अपने हैं, अपनी कल्पना से हैं और मैने बनाये हैं। मेरे हर शेर में कुछ न कुछ नया आपको मिलेगा। फिर भी मेरे शेर, अगर किसी और के साथ मिलते हैं, तो इसमें मुझे खुशी ही मिलेगी। इस एक सौ पैंतिस करोड़ जनता में कोई तो है जिससे मेरे सोच विचार मिले। फिर भी अगर कोई नाराज है, तो उससे मैं दोनों हाथ जोड़कर माफी मांगता हूँ।

सबसे बड़ा शत्रु इन्सान के अन्दर होता है वो है भय का शत्रु। उसे निकाल दो।

ये आपके लिए सन्देश -

'किसी की मासूम हंसी के पीछे
दर्द को महसूस तो कर
सुना है लोग हंस-हंस कर
खुद को सजा देते हैं।'

इस शायरी को कुछ खास लोगों तक पहुँचाने का काम मैने किया है। कुछ खास शब्दों का ही प्रयोग मैने हिन्दी भाषा में किया है, जिनके सीधे-साधे अर्थ दिल की गहराई को छू जाये। ऐसे शब्द, जो आपको झूमने और गुनगुनाने के लिए मजबूर कर दें।

मेरी इस कल्पना में आपको अपने देश की मिट्टी की जरूर खुशबू आने लगेगी। इसमें आपको खुशी और गम, दोनों पहलु नये अन्दाज में मिलेंगे।

आपका अपना,
सुभाष ह. अत्री
औरंगाबाद, महाराष्ट्र।
मोबाइल - ९९७०७०२४५५

'दो शब्द'

इस दुनिया में शेरों-शायरी का अपना ही रंग है। अपनी मेहबूबा की हसीन जुल्फें, बाल, चेहरा, आँखें, अदायें, हरकतें इनकी प्रशंसा से परिचित करते हुए मेरा हर शेर आपको जरूर नजर आयेगा। प्यार की छोटी छोटी दास्तानें, आहें, वफाई, बेवफाई और जुदाई इन सभी पहलुओं पर यह किताब आपको नयी सोच पर ले जायेगी।

हिंदी शेरों-शायरी आपको एक नये रंग में नजर आयेगी। हिंदी भाषा आपको अपने इस देश के हर इन्सान की समझ आती ही है, इसीलिये मैने सरल भाषा में प्रस्तुत किया है। हिंदी शायरी को मैने लोगों के मिजाज को समझने के बाद ही प्रस्तुत किया है।

मुझे पता है हमारे देश के लोग प्रकृति, सुन्दरता के सदा ही पुजारी रहे हैं। करीबन १२०० से ऊपर शेरों को इकट्ठा करके प्रस्तुत करना मेरे लिए आसान नहीं था, पर असम्भव भी नहीं। इस संकलन के शेरों में इतनी विविधता है, कि आप जीवन के किसी भी पहलु पर अपने ढंग में तलाशना चाहोगे तो आपको जरूर मिलेंगे।

प्रस्तुत है हमारे कुछ अजीज लोगों के प्रवचन जिनसे प्रेरित होकर मैने यह किताब लिखी है -

१) सफलता उन्ही के चरण चूमती है, जो किसी भी समस्या या कार्य के दोनो पक्षों को देखते है और जल्दबाजी में कोई निर्णय नहीं करते।

- जॉन एफ. केनेडी

२) जो अपने तक ही पहुंचने को राजी नहीं है, वह किसी परमात्मा तक पहुंचने की हिम्मत कैसे जुटा सकता है।

- आचार्य रजनीश

३) क्रोध उसी को अधिक आता है, जो मन की पीड़ा को स्पष्ट रूप से कह नहीं सकता।

- रवीन्द्रनाथ टैगोर

४) जो मनुष्य अपने क्रोध को अपने ही ऊपर झेल लेता है, वह दूसरों के क्रोध से बच सकता है।

- सुकरात

५) संसारी कीड़े की तरह मरने से कहीं अधिक अच्छा है, कर्तव्य क्षेत्र में सत्य का उपदेश देते हुए मरो और आगे बढ़ो।

- स्वामी विवेकानंद

६) जिस प्रकार बिना घिसे हीरे पर चमक नहीं आती, ठीक उसी प्रकार बिना गलति किये मनुष्य संपूर्ण नहीं बनता।

- चीनी कहावत

७) यदि मनुष्य चिंता को तुरंत झटक न दे तो फिर वह उसे दूर करने में असमर्थ हो जाता है।

- लेखक

८) जितना समय हम किसी कार्य की चिन्ता में लगाते है, यदि उतना ही समय उस कार्य में लगाये तो चिन्ता जैसी कोई चीज ही नहीं रह जायेगी।

- वेरयल फिजर

९) जीवन रहस्य है। उसे जीया हा सकता है और जी कर ही जाना जा सकता है, लेकिन गणित के सवालों की भांती उसे हल नहीं किया जा सकता।

- आचार्य रजनीश

१०) यदि किसी युवती के दोष जानने हो तो उसकी सखियों में उसकी प्रशंसा करो।

- प्रेमचन्द

११) यदि दृढ़ मित्रता चाहते हो तो मित्र से बहस न करो, उससे उधार लेना-देना और उसकी स्त्री से बात करना छोड़ दो।

- चाणक्य

१२) जो जितना दौलतमंद है, वह उतना ही मोहताज है।

- शेख सादी

प्यार हमने भी किया, सिर्फ अश्क बहाने के लिये
कौन करता है यहां प्यार, निभाने के लिये
टूंट भी गये क्युंकि, तोड़ा है, दिल कई बार यहां
क्युंकि दिल तो बस् एक खिलौना है, जमाने के लिये।

कभी कद्र कर जाते हो, कभी मेरी कब्र पर जाते हो
क्युं हर इल्जाम का हकदार, हमें बना जाते हो
हमने न किया कभी गम का जिक्र, जुबां से
आज भी हर खता की सजा, मुझे सुना जाते हो।

कोई भी रिश्ता नहीं रखना है, तो
क्युं हम पर नजर रखते हो
मर गये या जिन्दा है
क्युं तुम, ये खबर रखते हो।

लहरों को सागर से, हराया नहीं जाता
ख्वाबों को आँखों से, मिटाया नहीं जाता
मिल ही जाता है, कोई न कोई किसी को
जबरदस्ती किसी को, अपना बनाया नहीं जाता।

गमों ने घेर लिया है मुझे, तो क्या गम है
फिर भी मुस्कुराके जिऊंगा, तेरी खुशी के लिये
खुशी तो है, कि तुम याद कर लेती हो कभी
सुकुन इतना सा काफी है, जिन्दगी के लिये।

जान भी दे देंगे उनके लिये, बतायें किसको
कौन क्या भूल गया, याद दिलायें किसको
रूठ जाते हो मनाना दुश्वार न था
जब वो ताल्लुक ही न रखे, तो मनायें किसको।

मौसमें गुल भी, कयामत की हवा देता है
इस दीवाने दिल को, दीवाना बना देता है
युं तो इक अरमान के सिवा, दुनियां में कुछ भी नीरीं
बस् इस टूटे हुए दिल में, तूफान उठा देता है।

यह जिन्दगी इस तरह से, बसर होती
हर खुशी में वो मेरी, हमसफर होती
काश, वो भी मेरी हर सफर की, मन्जिल होती
काश, उनको भी सिर्फ इसकी, खबर होती।

हमने तो सुकुन, अपने दिल का खो दिया
अपने आप को, तन्हाई की खाई में डूबो दिया
जो थे कभी, हमारे मुस्कुराने की वजह
उसी कमी ने मेरी पलकों को, हमेशा के लिये भीगो दिया।

जरुरतों के हिसाब से, जिन्दगी जिओ
ख्वाहिशों के मुताबिक नहीं
क्युंकि जरुरतें तो, फकीरों की पूरी होती है
और ख्वाहिशें बादशाहों की, अधूरी रह जाती हैं।

प्यार में क्या अजीब था, उनका हमें भुलाना
उन्होने सुना भी कुछ नही, और कहा भी कुछ नही
कुछ इस तरह बर्बाद हुए हैं, उनकी मोहब्बत में
लूटा भी कुछ नही, और बचा भी कुछ नही।

किस तरह टूटकर रह गया है, रिश्ता अपना
कई मुद्दतों से देखा नहीं, चेहरा अपना
यह मत कहो, कि ये किस्मत की बात है
अपनी तो बर्बादियों में, सनम तेरा ही हाथ है।

हमेशा आँसु, आ ही जाते हैं
लेकिन होंठों पर, हंसी लानी पड़ती है
मोहब्बत चीज ही, ऐसी है
किसी एक से कहो, हजारों से छुपानी ही पड़ती है।

मुकद्दर का ये फैसला भी, क्या कम है
जिन्दगी है छोटी, पर हजारों गम हैं
लेकर तो फिरते हैं मुस्कुराहट, हैं फिर भी हम
लोग कहते हैं, कितने खुशनसीब हैं हम।

तुम्हारी दूरियों का अहसास जब, सताने लगा
तुम्हारे साथ गुजरा समाँ, याद आने लगा
जब भी तुमको भुलाने की, कोशिश की हमने
इस दिले के करीब, और तू आने लगा।

तकदीर में अगर जलना है, तो जल जाऊंगा
आपका वादा तो नहीं, जो बदल जाऊंगा
गम भर दे मेरे सीने में, गम-ए-उल्फत के
मै तो मोम नहीं, जो पिघल जाऊंगा।

मुझे भूल ही जाना था, तो अपनाया क्यूं था
मुझे उल्फत का यकीं, तुमने दिलाया क्यूं था
इक भटके हुए मुसाफिर को, सहारा देकर
झूठी मन्जिल का निशां, तुमने दिखाया क्यूं था।

सोचा था हमने क्या, और क्या हो गये हम
टूटे हुए प्यार के हकदार, हो गये हम
कल तक जो थे मेरे साथ, मर मिटने को बेकरार
आज उनके ही होंठों से, बदनाम हो गये हम।

मिटाते ही गये, वो हर कदम पर हम को
अपनी झूठी मोहब्बत की, देकर पनाह
जब हमें नजरं आया, हमारे मिटने का अहसास
छोड़ गये हम को उम्र भर के लिये, यूं ही उदास।

हर खुशी को हमने, गमों में ढल के पाला है
जिन्दगी का चलन, मेरा सब से निराला है
मरते हैं लोग, जिन हादसों से
उन्हीं हादसों ने, हम को पाला है।

गमों में रहने से कुछ हासिल नहीं होता, ऐ दिले सौदाई
नयनों की है बरबादी, सिर्फ मिले रुसवाई
हम वो बिछड़े, साहिल हैं,
यहां उस पार भी तन्हाई, इस पार भी तन्हाई।

बड़े नादान हैं ये लोग, न कुछ जानते हैं
सिर्फ दिलों पर छाये हुए, इल्जाम को पहचानते हैं
हमने तो भूले से लबों पर, नाम उनका क्या लिया
लोग तो हम को, उनके नाम से पहचानते हैं।

प्यार के सिलसिले में, दुनिया के शोलों को देखा है
हमारा पता उन्हें कुछ भी नही, बस् हकीकतों को दबाते देखा है
कोई कसूर हमारा न था, कोई खता उनकी न थी
हजारों इल्जामों को गढ़ते हुए, इनको दीवानों ने देखा है।

प्यार में पहली बार, उनका नाम लिखा था
उन्होने भी कभी चाहत का पैगाम, हमें लिखा था
अब तो मुद्दत हो गई, उनसे बिछड़ के
गैरों में रहकर भी, उनके छलके नैनों में, मैने मेरा दीदार
देखा था।

हुस्न वाले कभी जब तोड़ते हैं,
दिल किसी का
बड़ी सादगी से कहते हैं,
मजबूर थे हम।

प्यार में गर नफरत का, शोला कोई ओतता है
यकिनन आशिक अपनी मेहबूबा के, नाम को कोसता है
यकिनन नफरत से ही सही
वो उसके लिये ही, सोचता है।

हमारे इस टूटे से दिल से, मोहब्बत सम्भाली न गयी
और उनको भी हम से नफरत, पाली न गयी
बुरा तो हुआ, मेरी वो जिन्दगी का
जो तुम्हारे जाने के बाद, खाली ही गयी।

चाहे कितना भी बता रास्ता खराब है, दुनिया भरोसा नहीं करती
फिर वो ही गलत रास्ते पर चलती, तुम्हारी सच्चाई जान
है लेती
वैसे ही इक झूठ को ये, चन्द फेरों में जान है लेती
किसे कितना प्यार है, चाहो यकीं दिलाने में किसी की जां
है जाती।

अपने दिल के जख्मों को तराशता हूँ तो, ये सैलाब आते हैं
फिर भी कभी वो याद आते हैं, कभी उनके ख्वाब आते हैं
कितना भी, दिल से चाहो उनको
मुझे सताने के सलीके, उन्हे बेहिसाब आते हैं।

हार गया हूँ जिन्दगी से, फाड़ दो जमीं मेरी कब्र तो कीजिए
भूल जायेंगे उसे हम जालीमों, जरा सब्र तो कीजिए
खुदगर्ज होने के लिये, मुझे वक्त तो लगेगा
उनकी तरह मतलबी बनने को, जरा वक्त तो लगेगा।

कर न गम, जिन्दगी बहुत बड़ी है
महफिलें चाहतों की, तेरे लिये सजी हैं
बस् एक बार मुस्कुराकर, तो देख
खुद तकदीर तुझ से मिलने, बाहर खड़ी है।

पूछो हम से क्या होता है, जिन्दगी के पल बीताना
मुश्किल तो बहुत होता है, दिल को समझाना
जिन्दगी तो यारों, युं ही बीत जायेगी
मुश्किल बहुत होता है, कुछ लोगों को भूल जाना।

सजा क्युं न मिलती हमैं
मोहब्बत में आखिर
बहुत दिल तोड़े थे हमने
उस बेवफा के खातिर।

निकलकर आँसू आँखों पर आये
और गालों पर बह जाये, तो तकलीफ होगी
यही आँसू अगर निकलकर, गले में अटक जायें
तो मै यकिन से कहता हूँ, किसी अपने ने चोट दी होगी।

दर्द किसने, हमारे दिल का देखा है
सिर्फ मुझे तो, रब ने तड़पते देखा है
तन्हाई में अक्सर, हम अकेले रोते हैं
महफिलों में अक्सर लोगों ने हमें, हंसते देखा है।

वो तो हम को प्यार, बेपनाह कर गये
जिन्दगी में हम को फिर, तन्हा कर गये
हमारी तो चाहत थी, इश्क में फनाह होने की
लेकिन वह रूठकर, लौट आने को मना कर गये।

आँसू हमारी आँखों से रो कतरा
क्या निकल पड़े
सारे दुश्मन हमारे
खुशी से एकदम उछल पड़े।

हम तो ये जानते थे, नहीं सकते हो तुम हमारे
लेकिन हमें तो रब से, तुम्हे पाने की आदत सी हो गयी
वफाओं में भी पैमाने होते हैं, हमें क्या मालुम
तुम जैसे बेकदरदानों से दिल लगाने की, आदत सी हो गयी।

कभी बेसबर लिखता हूँ, कभी बेखबर लिखता हूँ
महफिलें लिखता हूँ, कभी साकी को लिखता हूँ
मेरी तो ये कलम तक, दीवानी हो जाती है
जब मैं सिर्फ तुम्हारा, दीदार लिखता हूँ।

हमने तो प्यार किया, और उन्हे सब खुशी दे दी
उन्होने हमें वापसी में, इक खामोशी दे दी
थक कर हमने खुदा से दुआ, मरने की मांगी
और उसने हमें तड़पने के लिये, ये जिन्दगी दे दी।

खुदा करें आपके गम, रेत पर लिख जाये
ताकि हवा के इक झोंके से, वह सब मिट जाये
आपकी सारी खुशियां लिख दे, पत्थर पर
ताकि हवा और आंधी और बारीश भी, क्या उसे मिटा पाये।

पुराने प्यार की यादों का झोंका आया, मिलने बरसों के बाद
पहले कभी न रोये थे, जितना आज रोये बरसों बाद
तन्हा तन्हा ही, हमारा आशियां उजड़ा है
अब तो पहले पत्थर बरसे, और शीशें टूटे बरसों बाद।

समन्दर के किनारे, हमेशा छूट जाते हैं
प्यार के सितारें आसमाँ से, टूट जाते हैं
यह जिन्दगी की डगर में अक्सर
जिन्हे तुम दिल से चाहो, वो अक्सर रूठ जाते हैं।

आपको चाहा है बिना देखे, आपकी तस्वीर बना सकता हूँ
आप हम से न मिलो, फिर भी हाल आपका बता सकता हूँ
है हमारे वफाई प्यार में, इतनी ताकत
तुम्हारी आँख के आँसू, अपनी आँखों से गिरा सकता हूँ।

आपको देखते देखते, यूं ही वक्त गुजर जायेगा
बिछड़ गये तो, कौन किसे याद आयेगा
जिन्दगी जी लो, जब तक हम साथ हैं
कल क्या पता, वक्त किसे कहां ले जायेगा।

छोड़कर आपको हम, दूर कैसे रह पाते
हम हमारे दिल से, तुम्हे कैसे भुला पाते
काश, कहीं आप सपनों की जगह, शीशे में बसे होते
हम अगर खुद को भी देखते, तो आप नजर आते।

ऐ दिल कभी किसी की, चाहत का इम्तिहान मत लेना
गर न निभा सकों, ऐसा वादा कभी मत देना
जिसे तुम्हारे बिना, जीने की आदत न हो
उससे कभी बिछड़ने की दुआ, मत देना।

कौन कहता है, शमा से अंधेरा दूर होता है
वो भी तो शमा के लिये, मजबूर होता है
जितना भी जो, आँखों से दूर हो
वो ही दिल के उतना, करीब होता है।

जनाब, यही तो है जिन्दगी, जो सब कुछ सिखाती है
कभी रुलाती है, कभी थोड़ा हंसाती है
कभी भी खुद से ज्यादा, किसी पर भरोसा न करना
क्यूंकि थोड़ा अंधेरा क्या हुआ, परछाईं भी साथ छोड़ जाती है।

यह जालीम जमाने की सुनकर बातें

तू अपनी वफा कभी मत बदल

यकीन कर अपने खुदा पर

बार बार यूं खुदा न बदल।

न जाने कोई अच्छा सा पल, एक किस्सा बन जाता है

जिन्दगी का न जाने, कोई हिस्सा बन जाता है

कुछ लोग कभी जिन्दगी में, मिलते हैं ऐसे

क्या जाने उनसे कभी न टूटने वाला, रिश्ता बन जाता है।

आ बता, मुझे आजमाने का, नतीजा क्या निकला

जख्म तो दिल पर था, वो भी गहरा निकला

आखिर तो तोड़ के देख लिया, इस दिल का फसाना

तेरी सूरत के सिवा बता, इसमैं क्या निकला।

दिल से जब भी, किसी को करीब पाया

कसम रब की, हमेशा धोखा ही खाया

हर वक्त क्युं दोष देते हो, कांटों को

धोखा तो हमने हमेशा, फूलों से पाया।

क्युं बार बार दिल की, वफा हटाई जाती है

हर बार इस दिल की, रुसवाई आजमाई जाती है

जिसे चाहा गर उसे, प्यार का ऐतबार नही

फिर क्युं बार बार, नजर से नजर मिलाई जाती है।

न जाने कितनी चोट, इस दिल पर खाये हुए हैं
चेहरे पर फिर भी, मुस्कुराये हुए हैं
हर पल मौत की वादि, में पलकर
टूटे प्यार की शमा, जलायें हुए हैं।

कौन कहता है कि गुलशन में, सिर्फ फूलों से जिन्नत होती है
हम तो कहते है, कि कांटों से भी जिन्नत होती है
जिन्दगी जीने के लिये, इस दुनिया में
सिर्फ खुशियों की नही, गमों की भी जरुरत होती है।

सिर्फ ठोकर ही, सभी को जीना सिखाती है
यह ठोकर ही, आँसू पीना सिखाती है
अगर ठोकर न हो, रास्तो में
तो इन्सां को कैसे वो, इन्सां ही बनाती है।

दोस्त ऐसे हो, कि मोहब्बत की खुशबू आये
आँखें भी ऐसी हो, जिसमें सिर्फ वो याद आये
मजा जो वो है, जीने का
कि दोस्त को अगर कोई गम है, दूसरे की आँखों से आँसू आये।

दिल आपको दे दिया, पर तुम्हारे ऐतबार की हद हो गयी
जान भी दे दी तुम्हारे लिये, प्यार की हद हो गयी
मर तो गया रखकर, खुली ये आँखें
बस् अब तो ये इन्तजार की, हद हो गयी।

जरा दिल में प्यार, आप बसाकर तो देखो
मोहब्बत की दुनिया में, जरा दिल लगाकर तो देखो
कहीं तुम्हे हम से, मोहब्बत हो न जाये
जरा नजरों से नजरें, मिलाकर तो देखो।

तोड़कर हमारा दिल, ऐ बेवफा सिर्फ तुम्हे गम मिलेंगे
यकिन करना हमारे हौसलों से, कम मिलेंगे
याद करना जहां भी दुनिया, निगाहें फेर लेगी
वफा करने के लिये, वहां सिर्फ हम मिलेंगे।

किसी को अपना बनाने को, बदल गया है दिल
मोहब्बत किसे कहते है करने को, डर गया है दिल
जिन्दगी में किसी पर भरोसा, न करना
झूठे वादों से अब, भर गया है दिल।

अब तो किसी से, मुझे शिकायत ही नहीं
चाह कर भी किसी को न मिले, अब वो चाहत भी नहीं
ऊपर वाले ने, मेरी तकदीर लिखी और बदल गया
जब जाकर उससे भी पूछा, तो बोला, यह मेरी लिखावट नहीं।

प्यार में खोकर तो, मुझे सब कुछ लूटाना था
प्यार तो मेरा लूट गया, लूटाने से पहले
दीपक तो मोहब्बत का, जला तो दिया था पहले
मगर वो भी बूझ गया, जगमगाने के पहले।

झूकने लग जाये, अगर ईमान अपना
तो इतना जरुर, याद रखना
सब कुछ लूटाने से, दिलदार नहीं मिलते
तख्तों-ताज मिलने से भी, वफादार नहीं मिलते।

दोस्त अगर मिल जाये तो, हाले दिल सुनाना पड़ता है
कितने भी गमों के बादल बरसे, मुस्कुराना ही पड़ता है
यार तो हम थे आपके, है सदियों से
आजकल उन्हे ये याद, दिलाना पड़ता है।

न जाने कब अपने प्यार का, इजहार होगा
न जाने कब उनको हम से, प्यार होगा
गुजर रही है जिन्दगी, उनकी यादों में
न जाने कब उनका हमें भी, दीदार होगा।

पता नहीं क्युं खुदा ने, मुझे ऐसा बनाया है
जिसे चाहा, उसी को गंवाया है
न जाने क्या कमी है, हमारे प्यार में
तभी तो उन्होने, हमे युं ही ठुकराया है।

प्यार तो इन्सान, एक ही बार करता है
किसी पर इतना ऐतबार, एक ही बार करता है
फिर किसी से मोहब्बत, हो भी जाये
तो पहले प्यार को भुलाने के लिये कोशिश हजार करता है।

तेरे आंगन से निकाला गया मुझे
तेरी नजरों के सामने
तकलीफ जाने की नहीं हुई
तेरी नजरें झुकाने की हुई।

उन्होंने मारा था दिल पर तीर, तो उतना दर्द न हुआ
जख्म का अहसास, तो तब हुआ
कमान जब देखी, रखैल के हाथ में
दिल में दर्द तब हुआ।

जमीन पर गिरा हुआ पानी, कभी भरा नहीं जाता
प्यार में मरे हुओ को, मारा नहीं जाता
ऐसी दुआ करो, कभी आशिकों का दिल न टूटे
क्युंकि टूटा हुआ दिल, कभी जोड़ा नहीं जाता।

बेवफा से महक, इश्क की कमी होती है
टूटे इश्क पर ही, दोस्ती खत्म होती है
गर जिन्दगी में साथ हो, ऐसे गैरों का
यह जिन्दगी नरक से कम बतर, नहीं होती है।

मेहबूब का प्यार, दुआ से कम नहीं होता
मेहबूब दूर भी हो, तो कोई गम नहीं होता
दूरियां और गम तो, सताते हैं लेकिन
यह प्यार का रिश्ता, कभी कम नहीं होता।

हम ये मानते हैं, कि हम काबिल नही, आपकी निगाहों में
इसमें बुरा क्या है, दिल की विरानियां हमें दे दो
तुम्हारा दिल जो हमने मांगा था, गैरों से
गर चाहते हैं आप इसकी परेशानियां हमें दे दो।

परेशान से हो गये हैं, इस जिन्दगी से हम
छोड़ न दे ये जहां कहीं, बेदिली से हम
चलो अब तो छोड़ ही दिया, हर रिश्ता हर उम्मीद
चलो अब न करेंगे गिला, और किसी से हम।

शिकायतों का दौर लबों पर, आया नहीं अभी
आपके दामन पर दाग, लगाया नहीं कभी
चेहरा तो आपका सूक गया, होते ही हमारा दीदार
हमने तो हाले दिल अपना, सुनाया नहीं अभी।

ढूंढ भी लूं गर इश्क, तो कोई मिल ही जायेगा
सोचता है दिल, आप की तरह हमें कौन चाहेगा
सोचता हूँ, कोई तुम्हे गैर, गैर चाह से चाहेगा
मगर निगाहें, हमारी प्यार सी कहां से लायेगा।

आशिक कभी किसी के, पाबन्द नहीं होते
तारे भी कभी चान्द के, पाबन्द नहीं होते
अगर आँसू भी आँखों से, छलक आये
ये कभी दिले नादान के, पाबन्द नहीं होते।

ख्वाब गर टूटे तो आँखों की जलन, कम नहीं होती
दिलों में यादों की कमी, कम नहीं होती
होंठों से पियो या नजरों से चुराओ
प्यार में मेहबूबा की नादानियां, कभी कम नहीं होती।

चान्द की चान्दनी, तेरे चेहरे पर वार दूं
सिर्फ आपका दीदार मिले, बस् जन्नत भी वार दूं
सिर्फ इतना ही दिल, चाहता है
कि दिल क्या चीज है, जान भी कयामत पर वार दूं।

प्यार में बीते हर पल का, ख्याल आता है
आपके साथ हर बीता पल, आइना दिखाता है
हमारी तबाही पर ये, जमाना क्युं रोये
ये तो खुद की भी तबाही पर, मुस्कुराता है।

काश, आप हमारी Dाँखों में बस जाते, तो अच्छा होता
काश, हमारे ख्वाब बन जाते, तो अच्छा होता
मैं तो तन्हा था, तन्हा ही रह जाऊंगा
अभी तुम आये तो क्या, और गये तो क्या।

काश, उनका हमारे दिल में, कोई ख्याल न होता
वर्ना आज हमारा दिल, बेचैन क्युं होता
आज भी सताता है, गम उनका
वर्ना ऐसी तन्हाइयों में, ऐसा न होता।

न जाने कब हमें, मौत का पैगाम आ जाये
ये गम की आखरी, शाम भी ढल जाये
हम तो तलाशते हैं, आज भी आपको
कि मौत से पहले, आपके लबों पर हमारा नाम आ जाये।

जिन्दगी में कौन आ गया, हमारी खामोशियां लेकर
दिल की धड़कनें सुन रही है, सिसकियां लेकर
आप तो देख रहे थे, तमाशा, डूबने का मेरे
आज क्युं तलाश रहे हो, हमें कश्तियां लेकर।

जख्मी है दिल मेरा और, ये रात भी है आखरी
मिलने आये हो तो मिल लो, ये है मुलाकात आखरी
आप आये और कुछ लबों से, बात कहे
दिल आपसे कह रहा है, दिल की बात आखरी।

कभी भी इस दीवाने दिल को, बहलाने कोई नहीं आया
कभी किया था वादा, वो निभाने नहीं आया
इसीलिये तो लोग कहते हैं, आशिक दीवाना
क्युंकि प्यार का वो मुसाफिर, कभी मिलने नहीं आया।

कौन कहता है कि उन्हे, नफरत है शराब से
आशिकों को तो मिली है राहत, शराब से
कौन कहता है कि लत बुरी है, शराब की
आशिकों ने तो सीखा है गम भुलाना, शराब से।

आपकी महफिल से, मुझे तो गैरों ने उठाया
आपको देखा तो, आपने इशारा कर दिया
मुझे तो कहती है, सारी दुनिया आपका दीवाना
क्या कमी थी हम में, जो हम से, किनारा कर लिया।

कोई थी हमारी मेहबूबा, जिसका चान्दनी सा बदन खुशबुओं
का साया था
हम थे यार उसके, मगर वह दिलदार पराया था
सुना है वो दूर वो, तारों के पास रहते हैं
खुदा ने खुद के लिये बनाया है उन्हे, ऐसे लोग कहते हैं।

मेरे दिल को भी, इक आह का हक है
मेरी निगाहों को भी, तराशने का हक है
एक दिल है मेरे पास, जो मै लेके आया हूँ
मुझे भी प्यार में, गुनाह करने का हक है।

शांत सा हो गया है दिल, आपके चेहरे को देख कर
दिल में थी शिकायतें, पर उसका हक नहीं
यह जो हुस्न वाले है, कातिल है मेरे, यह दावा है मेरा
आपको कोई गैर सजा दे, यह हमें मंजूर नहीं।

जब दिन हुआ तो, रात भी होगी
दिल को मत कर उदास, कभी बात भी होगी
आपसे इतने प्यार से, जो दोस्ती की है
जिन्दगी भी रहेगी, और मुलाकातें भी होगी।

आपसे बचपन से प्यार हुआ, जहां चाहे हंस लेते थे
आप मायूस होते थे, जहां चाहा रो लेते थे
पर आज तो आपकी मुस्कान को भी, तमीज चाहिए
और हमारे आँसूओं की, आपको तन्हाई।

इश्कजादों की रोती हुई, आँखों में इंतजार होता है
न चाहते हुए, किसी से प्यार होता है
क्युं देखते है ये सपने
जिनके टूटने पर भी, उनके सच होने का इंतजार रहता है।

मेहबूब की याद में न जाने, यह दिल बहुत रोता है
मेहबूब न जाने क्युं हम से, रूठकर दूर होता है
न जाने क्युं रोती है, मेरी कम्बख्त आँखें
क्यूंकि मेरे दिल से ज्यादा कसूर, तो उनका होता है।

ऊपर वाला न जाने कहां से दिलबर से, रिश्ता बना देता है
न जाने कैसे अन्जाने को, दिलबर बना देता है
न जाने जिनको हम, कभी न मिले
उनको ही जीवन भर का दोस्त बना देता है।

अपने प्यार के सामने युं अपने, गम की नुमाइश न कर
खुद अपने ही बदनसीबी की, आजमाईश न कर
वो प्यार तेरा ही है, खुद चल कर आयेगा
हर रोज उसे तड़पाने की, भूल न कर।

कौन कहता है, कि टूटे हुए, ख्वाबों की तस्वीर पूरी होती है
चान्द और तारों में, हमेशा दूरी होती है
रब से मांग, वो भी कुछ देना चाहता है
लेकिन कभी कभी, उसकी भी मजबूरी होती है।

प्यार की डोर में, विश्वास रहने दो
अपनी मोहब्बत में हरदम, मीठास रहने दो
यही अन्दाज है, जिन्दगी जीने का
न रहो कभी उदास, न मेहबूब को रहने दो।

प्यार करो उसी से, जो स्वीकारे उसे खुशी से
दिल मांगो उसी से, जो दे दे खुशी से
चाह लो उसी को, जो मिला है नसीब से
दोस्ती भी करो उसी से, जो जिन्दगी भर निभाये खुशी से।

प्यार को पाने के लिये, न जाने कितनी ठोकरें खाई हैं
यार न रूठे मेरा क्युंकि आगे, रुसवाई ही रुसवाई है
ऐसा लगता है कि मै, कितना मेहरबा हुं तेरा
इसमें आँखें तो हैं मेरी, नींद तो पराई है।

कितनी ठोकरें खाकर पाया है, तुझे
सब से खिलाफ चलकर पाया है, तुझे
क्युं न दिल खोलकर प्यार करूं, ऐ दोस्त
न जाने कितनी मन्नतें मांगकर, पाया है तुझे

कितनी उलझनें सहकर, वो हमें झांके
कितनी मुश्किलें सहकर, हम उसे झांके
लगा दो आग आज, उलझनों को
न वो कभी झांके, न हम कभी झांके।

आपको पाने के लिये, सितमों को गले लगा लिया
अपना हर इक अश्क, दामन में छिपा लिया
सोचा था लुत्फ उठायेंगे, जिन्दगी का
आपने ये क्या किया, जो गैरों को गले लगा लिया।

जो आशिक गमों के बादलों में, चलते हैं
प्यार की दुनिया का रूख वो ही, बदलते हैं
राहें तो उनकी होती हैं, मुश्किल
ये गमों के मारे कभी नही, अपने रूख बदलते हैं।

प्यार के नजारे, खुद पैदा करो
देखने वाले हजार है, उन्हे न देखा करो
आज कत्ल करने वालों में, उदासी बहुत है
प्यार में फना हो जाओ, और जिन्दगी पैदा करो।

यार आया तो था जिन्दगी में, बेमौसम बरसात की तरह
और छोड़ कर चल दिया, निशांत रात की तरह
फिर रह गयी मोहब्बत अधूरी, बिछड़ गये हम
ये था जिन्दगी का इक इत्तेफाक, मुलाकात की तरह।

यार ने यारी छोड़ दी, अब जिन्दगी न जाने कैसी जायेगी
सावन के इस मौसम में क्या, हालत हो जायेगी
अगर साकी भी, नाराज रही तो
ये दिल की तो, आफत हो जायेगी।

बेवफा तोड़ा है दिल, क्या इसमें बेचैनी नहीं होगी
कभी सोचा, हमारी क्या जिन्दगी होगी
सब कुछ तोड़कर कहते हो, कहीं मर जाओ
अब देखना बेवफा, मौत से बढ़कर मेरी जिन्दगी होगी।

किस तरह खोई है आँखें
जागते सपनों के साथ
ख्वाहिशें लौटी हो जैसे
बंद दरवाजों के साथ।

कभी साया है कभी धूप है, मुकद्दर मेरा
होता है बराबर, युं ही कर्ज मेरा
टूट जाते हैं, कभी किनारे हम से
डूब जाता है कभी मुझ से, दर्द भरा समन्दर मेरा।

आज आवाज धड़कनों की नहीं, तो क्या हुआ
हमारे दिल के टूटने की, सदा हमारे साथ है
तन्हा जिन्दगी किसे कहते है, पता नही
तो क्या वो मेहबूब की, बददुआ तो मेरे साथ है।

आया था हमें संवारने, क्या एहसान कर गया
खुरबादी का एक सदका, मेरे नाम कर गया
आज क्युं सताते है, हमें उनकी यादों के साये
सिर्फ चार पल की पहचान, मुझ से वो कर गया।

दौरा दिल का पड़ गया, लेकिन अब है ये आपका
दिल ने जो प्यार आपसे कर लिया, अब है ये आपका
अब तो ये दिल है आपका, हम से क्या है वास्ता
इसे अब मरहम लगाओ या घायल करो, फिर भी है आपका।

कभी याद करते हैं गुजरे जमाने को, तेरे मेरे अफसाने को
जाने कैसे खबर लग गयी थी, जालीम जमाने को
हमने तो तुम्हारे लिये, बहारें मांगी थी
फिर भी कहीं जगह न मिली, अपने अफसाने को।

तुझे चाहा तो कुछ, इजहार न कर सके
कट गयी उम्र किसी से, प्यार न कर सके
तूने मांगी भी, तो अपनी जुदाई मांगी
और हम है, कि तुझे इन्कार न कर सके।

हर एक बात पर वक्त का, तकाजा हुआ
हर एक बात पर दिल का दर्द, ताजा हुआ
सुना करते थे गंजलों में, जुदाई की बातें,
खुद पर बीती तो, हकीकत का अंदाजा हुआ।

तेरी मोहब्बत को, पलकों पर सजायेंगे
मर कर भी, हर रसम निभायेंगे
देने को तो कुछ भी नहीं, हमारे पास
लेकिन तेरी खुशी के लिये, खुदा तक जायेंगे।

गलतियों से जुदा तू भी नहीं, मै भी नहीं
दोनों इन्सां है, खुदा तू भी नहीं मै भी नहीं
गलतफहमियों ने कर दी पैदा, हम में दूरियां
वर्ना फितरत का बुरा तू भी नहीं, मै भी नहीं।

होके मायूस न युं, शाम की तरह ढलते रहिये
जिन्दगी एक भोर है, सूरज की तरह निकलते रहिये
ठहरोगे एक पांव पर, तो थक जाओगे
धीरे धीरे ही सही, मगर राह पर चलते रहिये।

आपकी न थी खता
हम ही कुछ गलत, समझ बैठे
आप तो मोहब्बत से बात करते थे
हम मोहब्बत ही समझ बैठे।

तकदीर को कुछ इस तरह से
अपनाया है हमने
जो नहीं था तकदीर में अपने
उसे भी बेपनाह चाहा हमने।

साहिल पर बैठा यूं सोचता हूँ, आज
कौन ज्यादा मजबूत है
ये किनारा जो चल नहीं सकता, या
वो लहर, जो ठहर नहीं सकती।

कभी न आये, मेरे साथ चलके
हमेशा गये हैं, हमें बर्बाद करके
अगर आ जाये वो, मेरी मय्यत पर
तो कह देना, अभी तो सोया है, तुझे याद करके।

रात की तन्हाई में, अकेले थे हम
दर्द की महफिलों में, रो रहे थे हम
अगर आप हमारे, कुछ नहीं लगते
फिर भी आपके बिना, बिलकुल अधूरे हैं हम।

प्यार का पहला खत लिखने में, वक्त तो लगता है
नये परिंदे को उड़ने में, वक्त तो लगता है
जिस्म की बात नहीं, उनके दिल तक जाना था
लंबी दूरी तय करने में, वक्त तो लगता है।

अगर इस जमाने में आये हो तो
जिने का हुनर रखना
यहां तो दुश्मनों का कोई खतरा नहीं
बस, अपनों पर नजर रखना।

चाहे न रहो, तुम मेरे साथ
पर अपने होने का, अहसास रहने दो
न दो हाथों में, तुम्हारा हाथ
पर मन में एक आस, रहने दो।

खामोशी में सुनोगे, वह आवाज हमारी होगी
जिन्दगी भर जो साथ दे, वह याद हमारी होगी
दुनिया की हर खुशी, एक दिन तुम्हारी होगी
क्युंकि उन सबके पीछे, दुआ हमारी होगी।

सिर्फ एक गुल भी बाग को, महका सकता है
सिर्फ एक तारा अंबर को, चमका सकता है
जहां यह बनावट के रिश्ते, काम न आये
एक हमराज, दुनिया बना सकता है।

साकी ने बढ़कर जाम दिया है, दिल से
भुला दे तू उसे, अब दिल लगा मय से
साकी पर तू तो नहीं है, आशिकों के मजहब से
हम भी वह नहीं, जो दिल लगा ले दोबारा किसी से।

एक खुद्दार आदमी का, जमीर हमेशा जगमगाता है
वक्त से कहां, वो शिख्सत खाता है
देखो हिम्मतें दीयों की
जो आंधी में भी, शिद्दत से जगमगाता है।

न रहा करो उदास
किसी बेवफा की याद में
वो तो खुश है, अपनी दुनिया में
तुम्हारी दुनिया, उजाड़कर।

हवेलियों के रोशनदानों से, जब जब ये हवा टकरायेगी
प्यार की पुरानी दास्ताने, सब याद आयेगी
बदसलुकी में हमने छोड़ दिये, गमों के रास्ते
हम से तो रूठ, तेरी परछाईं तक पछतायेगी।

जिन्दगी के सफर में चमन में, हमारे खुशी के बादल छाये हैं
चमन में हम तो गये दिल बहलाने, क्युं अश्क बहाकर आये हैं
गुल तो खिले थे क्युं दिल मुरझाया, क्युं गम के बादल आये हैं
न जाने क्युं आपका गम अपनाकर, कितने गम अपनाये हैं।

अरे दीवानों क्युं अपने दिल की दौलत, युं ही लूटाते हो
क्युं वो बेहया के लिये, प्यार की ज्योत जलाते हो
नादान तुम्हारे जैसा, इस दुनिया में कोई नही
क्युं उसकी गलियों में जाते हो, जहां ठोकरें दिखाते हो।

क्युं मैंने अपने प्यारे से, दिल को हमेशा दबाये रखा
प्यार तो था तुझ से फिर भी, हमने छुपाये रखा
चाहत रखी थी, सिर्फ आपकी
न जाने आपसे पहले, हमने कईयों का दिल लौटाये रखा।

एक अजीब सी दौड़ है ये, जिन्दगी
जीत लो तो सभी अपने, पीछे छूट जाते हैं
और इनसे हार जाओ तो
अपने ही पीछे छोड़ जाते हैं।

देखो फिर सुहानी रात, आ गयी
शुभ रात्र कहने की बात, याद आ गयी
हम तो बैठे थे पनाह में, सितारों की
चान्द को क्या देखा, आपकी याद आ गयी।

आपकी खूबसूरती, कितनी बढ़ जाती है
महज मुस्कुराने से
फिर आप, बाज क्युं नहीं आते हो
मुंह फूलाने से।

एक जरा सी बात पर, तुमने बात ऐसी कर दी
ऐसी भी क्या बात थी, हम से बात ही बंद कर दी
बात कोई खास है तो, बात करके देख लो
बात अगर रूठने की है तो, रूठने की भी हद कर लो।

जिन्दगी वक्त के, बहाव में है
यहां का हर आदमी, तनाव में है
हमने तो लगा दी थी, पानी पर तोहमत
यह नहीं देखा, कि छेद नांव में है।

याद क्युं रूठा रूठा सा लगता है
कोई तरकीब बता, तुझे मनाने की
मैं तो अपनी जिन्दगी, गिरवी रख दूं
तू सिर्फ कीमत बता, मुस्कुराने की।

धोखा है नजरों में तेरी, हमें इसका क्या पता था
तुम्ही ने दिया था दिल अपना, इसमें छबी है तुम्हारी
अश्क तो रहते है नयनो में, तस्वीर है बसी तुम्हारी
फिर भी हम मिल न सके, कैसी है तकदीर हमारी।

नफरत कमाना भी इस दुनिया में
इतना आसान नहीं है
आँखों में खटकने के लिये भी
कुछ खूबियाँ होनी चाहिए।

इंतजार कब तक करे, इन जख्मों के भर जाने का
कटता नहीं है वक्त तेरे बाद, यहां से गुजर जाने का
फिर भी हमारे ये दिल को, कौन खींचता है
जब भी हम इरादा करें, मर जाने का।

टूटे पत्तों का दर्द, उसकी शाख से पूछो
धरती को कितनी है प्यास, मेघों से पूछो
याद ही करते हैं, हम आपको कितना
यह हम से नही, अपने आप से पूछो।

यहां तो बिकता है गम, हंसी के बाजार में
कितने दर्द छूपे हैं, आपके इक इन्कार में
आप क्या समझ पाओगे, प्यार में कशीश
आपने तो फर्क ही नहीं समझा, पसंद और प्यार में।

जिनको जल्दी थी वो चल पड़े, मन्जिल की ओर
मै तो समन्दर में राज गहराई के, सीखता रहा
यह जिन्दगी करवट कभी भी लेगी, इसका तू गुमान न कर
बुलंदियां छू ले हजार, पर उसके लिये गुनाह न कर।

फिक्र तो तेरी आज भी
करते हैं,
बस् जिक्र करने का
हक नहीं रहा।

उम्र जन्नत में रहकर
उसे उजाड़ने में गुजार दी
और जिहाद इस बात का था
कि मरने के बाद जन्नत मिले।

दर्द कागज पर, मेरा बिकता रहा
मैं बेचैन रात भर, तो लिखता ही रहा
छू रहे थे सब बुलंदियां, आसमान की
मैं सितारों के बीच, चान्द की तरह छूपता रहा।

कश्ती है पुरानी मगर, दरिया बदल गया
मेरी तलाश का भी, जरिया बदल गया
न शक्ल बदली है, न बदला मेरा किरदार
बस् देखने का लोगों का, नजरिया बदल गया।

सच्चाई के इस जंग मे
कभी झूठे भी जीत जाते हैं
समय अपना अच्छा न हो तो
कभी अपने भी बीक जाते हैं।

प्यार की राहों में, कभी अकेलापन न मिले
ऐ दोस्त, तुझे दुआ करते हैं, कहीं अपनापन मिले
दुआ रहती है, मेरी हमेशा खुदा से
तुम्हे जो भी दोस्त मिले, मुझ से कम न मिले।

ठुकराने वाले तेरी यादों ने, फिर रुला दिया
आपका चेहरा याद आया, उसने फिर रुला दिया
आप पर अल्फाज लिखने का, कोई सीला न था
आपकी बेवफाई ने फिर, मजनू बना दिया।

यार प्यार में खफा नहीं होता
प्यार करने वाला कभी, जुदा नहीं होता
भुला दो न मेरी कुछ, कमियों को
इन्सान सिर्फ इन्सान है, कभी खुदा नहीं होता।

खफा मत रहो हम से, क्युंकि रूठने की आदत है हमारी

आपका साथ पाने की चाहत है हमारी

आप सदा खुश रहे, दुआ है हमारी

मै तो इक आइना हूँ, हर वक्त टूटने की आदत है हमारी।

दर्द सबके एक हैं

मगर हौसले, सबके अलग अलग

कोई हताश होकर, बिखर गया

तो कोई संघर्ष करके, निखर गया।

किसी ने फूल से पूछा

कि जब तुम्हे तोड़ा गया, तो तुम्हे दर्द नहीं हुआ?

फूल ने भी हसीन जवाब दिया,

वो तोड़ने वाला इतना खुश था, कि मै अपना दर्द भूल गया।

कड़वा है, फीका है

शिकवा क्या कीजिए

जीवन भी एक समझौता है

घूंट घूंट पीजिए।

मत सोच की तेरा सपना, पूरा क्युं नहीं होता

हिम्मत वालों का इरादा, कभी अधूरा नहीं होता

जिन इन्सां के कर्म अच्छे हो

उनके जीवन में, कभी अंधेरा नहीं होता।

जवानी में कल की फिक्र, और अधूरे सपने
मुड़कर देखा बहुत, दूर है अपने
मन्जिल तराशते, हम कहां खो गये
न जाने हम इतने बड़े, क्युं हो गये।

दर्द सभी इन्सानों में है
लेकिन कोई दिखाता है
तो
कोई छुपाता है।

अकड़ होती तो कब का, टूट गया होता
मैं तो था नाजुक डाली, सबके आगे झूकता रहा
बदले लोगों ने यहां रंग, अपने ढंग से
रंग तो मेरा भी निखरा, पर मैं मेहंदी की तरह पीसता रहा।

खामोश चेहरे पर, हजारों पहरे होते हैं
हँसती आँखों में भी, जख्म गहरे होते हैं,
जिनसे अक्सर रूठ जाते हैं, हम
उन्ही से रिश्ते, ज्यादा गहरे होते हैं।

ये दोस्ती का बंधन भी
बड़ा अजीब है
मिल जायें तो बातें लम्बी
बिछड़ जायें तो यादें लम्बी।

खटखटाते रहिये,
एहसानों के दरवाजे
मुलाकातें न सही
आहटें तो जिंदा रखिये।

जिन्दगी की राहों में हालात, बदल जाते हैं
जर की आँधियों में जज्बात, बदल जाते हैं
सब कुछ हार गये हैं, ऐसी यारी में दोस्तों
जब मेहबूबाओं के औरों से मिलकर, खयालात बदल जाते है।

जिसका अंदाज, सब से जुदा होता है
हर कोई उस पर, फिदा होता है
जिसने इस जिन्दगी को, समझ लिया
इस जमीं पर, वो ही खुदा होता है।

दोस्ती अगर टूट भी जाये, तो यार को मनाना सीखो
अगर दोस्त रूठ भी जाये, तो उसे हँसाना सीखो
यह दोस्त तो मिलते हैं, मुकद्दर से
बस् उन्हें खूबसूरती से, निभाना सीखो।

प्यार की मन्जिलें, बड़ी जिद्दी होती हैं
यह मन्जिल खुशनसीबों को, नसीब होती हैं
दुनिया के हर तूफान भी, हार जाते हैं
जहाँ ये कश्तियां, जिद पर होती है।

कौन कहता है कि प्यार के रिश्ते, अजीब होते हैं
यह तो दूर रहकर भी, करीब होते हैं
तुम मेरी बर्बादी का, गम न करो
यह तो अपने अपने, नसीब होते हैं।

अगर वो करते भी हैं, नजरअंदाज
तो गम न कर
तोड़कर चाहने वालों को रुलाना
इस दुनिया का रिवाज है।

अपनी कीमत उतनी ही रखो, जो सामने वाला अदा कर सके
अगर जरासा भी अमीर हो गये, तन्हा हो जायेंगे
जिन्दगी का खेल हो, या खेल हो ताश का
इक्का अपना तभी निकालो, जब सामने वाला बादशाह निकाले।

वक्त से लड़कर, जो नसीब बदल दे
इन्सान वही जो, अपनी तकदीर बदल दे
कल क्या होगा, कभी मत सोचो
क्या पता, कल वक्त खुद, अपनी तस्वीर बदल दे।

सच कहता हूँ आपकी जब से मुझ पर, नजर हो गयी
सारे जहां को इसकी, खबर हो गयी
प्यार में फकीरों की तरह, तेरे दर पर आया था
आज तो शहंशाहों जैसी, मेरी कदर हो गयी।

साकी भी रोयेगी, ये मयकदा भी रोयेगा
प्यार की कश्ती अगर डूबी तो, साहिल भी रोयेगा
इतना प्यार बिखर देंगे हम, इस दुनिया में
मेरी मौत पर तो, मेरा कातिल भी रोयेगा।

न जाने किसका असर, इन आँखों पर हुआ
कई मुद्दतों से इक ख्वाब, न देखा हमने
जिसे प्यार करते थे, न उसे पाया हमने
तड़पते युं ही रहे हम, उम्र भर न उनको तड़पाया हमने।

तू कितनी भी औरों की रहे, सर पर तेरे इल्जाम तो है
कितना भी तू आइने में देख, लबों पर मेरा नाम तो है
अब तू मुझ को, अपना बना न बना
तू जमाने में मेरे नाम से, बदनाम तो है।

मेरा प्यार अदालत दिल में रखता है, मगर यारी दिखाता है
न जाने वो कैसी कैसी, अदाकारी दिखाता है
यकीनन् उनका दिल भर गया है, मुझ से
हमे हर दिन दिल में, जलती चिंगारी दिखाता है।

जीवन भी क्या इम्तेहां है, तुम्हे भुलाना है यादों से पहले
हम मिले ही कहां थे बेदिली से, तुम्हे इस तरह पहले
कहां थी हमारी दुश्मनी, ये दिल लगाने से पहले
हमें तो कोई गम न था, गमें आशिकी से पहले।

ये सबब और तेरी याद, आयी थी
हूबहू ऐसी ही कब भी, शब ए तन्हाई थी
तुम्हारे ही कहने पर बनाई थी, दिल की इमारत
बड़ी मुश्किल से, बड़े शौक से ही बनवाई थी।

हे बेवफा सा ये झाड़, जिससे न कांटा न फूल है
इसके तो छांव में, रोना भी फिजूल है
इसमें कहां है, रातों की सादगी
न मांगो ऐसों से रहमों करम, सब फिजूल है।

गम के बादल छाते तो हैं, बरसते नहीं
दर्द तो होता है दिल में, अश्क निकलते नहीं
कोई नहीं है हमारा, जो हम से पूछे
जागते हो किसके लिये, जमाने से सोये नही।

डरना क्या अब किसी से, जमाने में दोस्तों
दुश्मनी भी हमने, मोहब्बत में ढाल दी
कभी थोड़ी शराब पी, कभी उछाल दी
किस तरह भी कह लो, हमने ये जवानी निकाल दी।

रह न सकोगे, मुझे भुलकर तो देखो
यकीन नहीं आता, ये आजमाकर तो देखो
हर जगह होगी, हमारी कमी
हमारे बिन अपनी, सूरत सजा के देखो।

प्यार में बरबाद कर गये, वफाई के नाम से
बेवफाई ही मिली प्यार में, वफाई के नाम से
दिल पर जख्म ही कर गये, दवा के नाम से
खुदा भी रो पड़ा, ऐसी मोहब्बत के नाम से।

तेरी यादें अक्सर छोड़
जाया करती हैं
कभी आँखों का पानी बनकर
कभी हवा का झोंका बनकर।

सच्ची मोहब्बत पाना भी
इक तकदीर होती है
बहुत कम लोगों के हाथों में
ये लकीर होती है।

समन्दर बेबसी अपनी कभी
किसी से कह नहीं सकता
हजारों मिल फैला है
फिर भी बह नहीं सकता।

नाराज न होना, कभी यह सोचकर कि
काम मेरा और नाम, उसका हो रहा है
यहां सदियों से जलते हैं, रूई और घी
पर लोग कहते हैं, दिया जल रहा है।

आदत सी हो गई है यहां
बेवक्त वक्त काटने की
हिम्मत ही नहीं होती कभी
दिल का दर्द बांटने की।

तुझ से पहले ये आशियाना इक आशिकाना था
हमें भी बड़े आशिक होने का, हम पर यकीन था
अब तो हम फिरते है इस शहर में, तन्हा लिये दिल को
क्या पता था आपका, किस किस से फसाना था।

ये जिन्दगी गुजार रहे है, जो हम यहां
ये जिन्दगी इक नसीब है, नहीं है कुछ कम यहां
कोशिशों के बाद भी न भुलाये जायेंगे
दोस्तों ने जो किये हैं, हम पर करम यहां।

यह जिन्दगी है दोस्तों, सभी को आजमाती है
यह नाजुक मोड़ पर भी, सब को लड़खड़ाती है
आप में से कोई कुछ पाकर, तो सदा मुस्कुरायेगा
लेकिन जिन्दगी बनेगी गुलाम उसी की, जो सब कुछ खोकर
भी सदा मुस्कुरायेगा।

ये हसीन के होते हुए, महफिल में क्युं जलाते हो चिराग
तुम लोग भी कितने जलील हो, जो सूरज को दिखाते हो चिराग
अपना कुछ वजूद रखो और, कुछ सीखो हम से
खुद तो कभी कुछ रखते नही, औरों के क्युं बूझाते हो चिराग।

दुआ तो मांगी थी हमने, आशियाने की
चल पड़ी यहां आंधियां, जमाने की
मेरे गम को तो कोई, समझ नहीं पाया
क्युंकि मेरी आदत थी, सदा मुस्कुराने की।

जो कर दी है हालत हमारे दिल की, किसी को बताई नहीं जाती
अजीब सी हालत है, अभी सही नहीं जाती
सिर्फ हम तड़पते हैं, रात दिन तुम्हारे बिना
वर्ना यूं किसी की याद, हर पल नहीं है सताती।

चाहा था जिसे दिल से, उसका मै हो नहीं पाया
गम तो दिल में हजारों थे, पर रो नहीं पाया
हमें जलाने के लिये कह गये, अब सपनों में मिलेंगे
बदकिस्मत ही रहे हम, रातों को भी मै सो नहीं पाया।

हमने तो हमारी सांस, तुम्हारे नाम कर रखी है
जिन्दगी भी अपनी, तेरे नाम कर रखी है
अब तो ये आइना भी क्या काम का मेरे
हमने तो हमारी परछाईं भी तेरे नाम कर रखी है।

बिछड़ गया हूँ तुझ से, पर मिलने की जुस्तजू भी है
अभी तक इस दिल में मेरे, तू रूबरू भी है।
हार गया हूँ जिन्दगी से, सोचता हूँ, जला डालूं इस दिल को
खयाल फिर आता है, इस दिल में सिर्फ तू ही तो है।

आओ जरा मुस्कुरा दो, हम से दिल लगाने से पहले
आपके सारे गम हमें दे दो, मुस्कुराने से पहले
ये मत सोचो किसने दिल दुखाया था, अब तक
सभी को माफ कर देना, दिल लगाने से पहले।

चाहा है तुम्हे दिल से, अब दिल को मजबूर कर लिया
आपके दिये जख्मों को भी, नासूर कर दिया
हमारे दिल में क्या क्या था, यह जाने बिना
आपने क्युं खुद को, हम से दूर कर दिया।

तुम तो अजनबी हो, फिर भी प्यार तुम से क्युं है
आपने तो ठुकरा दिया, फिर भी चाहत का इकरार क्युं है
आपको तो पाना, हमारी तकदीर में नहीं लिखा, लेकिन
फिर भी हर मोड़ पर, आपका इंतजार क्युं है।

गैर आशिकी तो कर ली आपने हमें ठुकराकर, हमने न देखा
कोई सवेरा
फिर भी रहेगा दिल में आपकी, यादों का बसेरा
न लेंगे तुम्हारा नाम किसी बज्म में, न कोई तमन्ना करेंगे
मर जायेंगे तुम्हारे प्यार में, तुझ को रुसवा न करेंगे।

जिन्दगी सुहानी जीनी हो तो,
जिन्दगी का यही हुनर रखना
यहां पर कोई दुश्मनों से खतरा नहीं
सिर्फ अपनों पर नजर रखना।

कुछ यादें बेवफा के, शहर की ले चलें
चलो आओ उसकी गली का, पत्थर ही ले चलें
युं किस तरह कटेगा यह, जिन्दगी का सफर
अब खाक ही बची है, चलो यादें ही ले चलें।

समन्दर भी हैरान था
हमें डूबता देख कर
यह कैसा शख्स है, किसी को
पुकारता तक नहीं।

किसी का साथ छूटता है,
तो किसी का साथ मिलता है,
यही है दस्तूर जिन्दगी का,
कोई किसी के लिये, नहीं रुकता है।

यहां तो हर आशिक हो गया है, तमन्नाओं में पगला
इनका हर जख्म दिल का, भर जाने दो यारों
भटक रही थी जो कश्ती, डूब गयी इनकी
क्युंकि चढ़ा हुआ था जो दरिया, वो उतर गया यारों।

यह क्या मोहब्बत में तो, ऐसा नहीं होता
मै तुझ से जुदा होके भी, तन्हा नहीं होता
इस मोड़ के आगे भी, कोई मोड़ है वर्ना
युं मेरे लिये तू कभी, ठहरा नहीं होता।

लहरों को खामोश देख कर, यह न समझना कि
समन्दर में रवानी नहीं है
जब भी तूफान उठेंगे, तूफान बनके ही उठेंगे
बस् उठने की अभी, यह ठानी नहीं है।

इश्क सभी को जीना, सीखा देता है
वफा के नाम पर मरना, सीखा देता है
इश्क नहीं किया तो, करके देखो
इश्क हर दर्द सहना, सीखा देता है।

इश्क में किस हद तक जाना है, कौन जानता है
किस मन्जिल को पाना है, ये कौन जानता है
दोस्ती के दो पल, जी भर के जी लो
किस रोज बिछड़ जाना है, कौन जानता है।

हम तो सब दिल है
दिल तो जुदा होता है
मगर वो जब सब को संभाले
वही सब का खुदा होता है।

इस तरह हमारी दोस्ती का, इम्तिहान न लीजिए
क्युं हो खफा, बयां तो कीजिए
कर दीजिए माफ हमें, अगर हो जाय कोई खता
तुम हमें याद न करके, सजा न दीजिए।

बनकर अजनबी मिले थे, जिन्दगी के सफर में
इन यादों के लम्हों को, कभी भुलायेंगे नहीं
अगर याद रखना, फितरत है आपकी
तो भूल जाने की, हमें आदत भी नही।

गम में जीने का, मजा आता है
गरीबों के घर पर, खुदा आता है
इक हम हैं, की आपको याद करते हैं
और इक तुम हो, कि हमारा खयाल नहीं आता है।

फिजाओं के बदलने का, इंतजार नहीं करते
आंधियों के रूकने का, इंतजार नहीं करते
याद कर लेते हैं हम कुछ खास, दोस्तों को
उनके याद आने तक का, इंतजार नहीं करते।

कोई चीज बेवफाई से बढ़कर, क्या होगी
गमें जुदाई इम्तेहान से बढ़कर, क्या होगी
किसी को देनी है अगर, जवानी में सजा
तो वो मोहब्बत से बढ़कर, सजा क्या होगी।

मेरे मुंह पर, कफन न डालो
मुझे आदत है, मुस्कुराने की
मेरी लाश को, न दफनाना
मुझे उम्मीद है, उनके आने की।

वो मिले हम को, कहानी बनकर
दिल में रहे प्यार की, कहानी बनकर
हम जिन्हें जगह देते हैं, अपनी आँखों में
वो अक्सर निकल जाते हैं, पानी बनकर।

यह मत सोचना, भूल जायेंगे तुम्हे
दूर रहकर भी, हम चाहेंगे तुम्हे
अगर दोस्त बनकर, रास न आये
तो अजनबी बनकर भी, याद आयेंगे तुम्हे।

पाकर खुशियां, बहक जाते हैं हम
पाकर गम भी, मुस्कुराते हैं हम
तन्हाइयों में जब भी याद आती है, आपकी
जमाने को तो क्या, खुद को भी भूल जाते हैं हम।

जिक्र हुआ जब, खुदा की रहमतों का
हमने खुद को सब से, खुशनसीब पाया
तमन्ना भी इक प्यारे से, दोस्त की
खुदा खुद ही दोस्त बनकर, चला आया।

मेरे गुनाह तो ज्यादा है
या तेरी रहमत
ऐ दोस्त, तू ही बता दे
हिसाब करके मुझ को।

निकालूं किस तरह अरमान, अब मुश्कील ही मुश्कील है
वहां टूटा हुआ खंजर, यहां टूटा हुआ दिल है
मेरा दिल ये ही समझता है, उठा जो दर्द दिल में है
छुपाना भी नहीं बस का, न कुछ कहने के काबिल है।

फलक को इस कदर जी भर के, गर मुझ को रुलाना था
मेरा दिल मेरे रब, पत्थर का बनाना था
बनाके अश्क गर, मुझ को निगाहों से गिराना था
तो क्यूं ऐ रब, इसे तूने मेरी नजरों में समाना था।

इतना बुरा हम को न समझो
ओ दुनिया वालों
दर्द लिखने की आदत है हमारी
दर्द देने की नहीं।

दुआ है हमारी आपको
जिन्दगी भर वो चेहरा, सदा मुस्कुराता दिखे
जिस चेहरे को आप
रोज आइने में देखते हो।

जुदाई में पहले नहायी, आँसूओं की रात
उन बूंदो से उतरी, हमारे घर ये रात
अब तो कुछ भी दिखाई नहीं देता, दूर दूर तक
चूभती है सुईयों की तरह, जब रगो की रात

सूरज का सफर तो खत्म हो गया, पर रात न आयी
हिस्सों में ख्वाबों की भी सौगात न आयी
हमराज कोई न आया, तो गिला क्या
परछाईं मेरी तक, मेरे साथ न आयी।

ख्वाबों को हमारे, युं दरकार कर दिया
जिन्दगी के सुहाने दिनों को, दुश्वार कर दिया
कल तो आप सबके साथ, उस पार खड़े थे
अहंकारों ने तेरे हम को, इस पार कर दिया।

प्यार के जाल से, जिन्दगी छूटती ही नहीं
आपको क्युं ये जिन्दगी, भूलती ही नहीं
कितने तूफान उठाये थे, मेरी आँखों ने
फिर भी यह नांव हमारी, क्युं डूबती ही नहीं।

प्यार में हम को, नजरअंदाज करने वाले
फिर भी कहती हो, मेरी कोई खता ही नहीं
ये मोहब्बत क्या होती है
शायद तुझे पता ही नहीं।

ये प्रेम जाल ही ऐसा है यारों, इसमें कोई पड़े तो
गमों में पड़ ही जाता है
प्रेमिका से प्यार, चाहे सभी को छोड़कर करो
थोड़ा सा कहीं कम, पड़ ही जाता है।

ज़िन्दगी मेरी उदास है, लेकिन
आपसे मै नाराज नही
ज़िन्दगी में अफसोस ये भी है, कि मै तेरे दिल में हूँ
लेकिन तेरे साथ नहीं।

इक बेवफा से प्यार का, कारोबार हमने किया
ज़िन्दगी को प्यार में दुश्वार, उसने ही किया
फिर भी वो छोड़ गये, मत कहो बुरा उनको
कसूर उनका नहीं था, क्युंकि ऐतबार हमने किया।

तोड़ा ही कुछ इस अदा से
ताल्लुक उसने हमारा
अब तो सारी उम्र गुजर गयी है
हम हमारा कसूर ढूंढ न पाये।

ऊपर वाले से ये ही दुआ करो कि
जो जिसे चाहे वो उसे मिल जाये
क्युंकि बहुत रुलाती है
ये अधूरी मोहब्बतें।

खुशी कहां
हम तो सिर्फ गम ही चाहते हैं
खुशियां सिर्फ उन्हे दे दो
जिन्हे हम दिल से चाहते हैं।

खुश हूँ, कि मेरे दिल को जला के
तुम हंसे तो सही
मेरे तो बने ही नहीं
चलो, किसी के दिल में, बसे तो सही।

वक्त के हर लम्हें में, खतरे में जान नजर आती है
हमारे दिल की बस्ती, अब विरान नजर आती है
फिर्यादी तक यहां, चैन से कैसे रह सकता है
यहां की प्यार की अदालत, परेशान नजर आती है।

मुझे तो शतरंज की बाजी, बहुत पसंद आती है
क्युंकि शतरंज के नियम, प्यार से अच्छे है
यहां चाल कोई भी चले, पर
अपने अपनों को, नहीं मारते।

जिससे प्यार किया, वो मुझे समझ न सके
वो भी क्या समझे, हम अपने आप को समझ न सके
और ये दुनिया वाले
हम को नासमझ ही समझ सके।

गुल उसे दो, जो बहार जानता हो
दिल उसे दो, जो दर्द का करार जानता हो
वक्त उसे दो, जो इंतजार जानता हो
और दिल उसे ही दो, जो प्यार जानता हो।

याद वही आते हैं, जो अपने होते हैं
जो याद नहीं आते, वो सपने होते हैं
फर्क अपनों और सपनों में, सिर्फ यह है
सपने ही साथ देते हैं, जब अपने दूर हो जाते हैं।

आपके तो इंतजार में, रात युं ही जायेगी
अब तो उलझनें हैं साथ, नींद कहां से आयेगी
न जाने सुबह की किरण, आपका क्या संदेशा लायेगी
खिलखिलाके मुस्कुरायेगी, या प्यास अधूरी रह जायेगी।

रूठकर तो देखो, इक बार हम को
जो भी अदायें हैं, आपकी, आपसे रूठ जायेगी
हमें छोड़ अगर आप सोचोगे, गैरों के बारे में
हमारा दावा है, याद हमारी ही आयेगी।

बेखुदी हम से करोगे, तो ये गम और आँसू कम न होंगे
मगर यादों के घेरे में, हम क्युं होंगे
फिर भी याद कर लो हमे और, लम्हे हमारी यादों के
फिर भी न कर पाये गर याद हमें, फिर हम न होंगे।

आपकी दोस्ती का सिला, हर हाल में देंगे
कोई कुछ भी कहे हमें, हम उसे टाल देंगे
गर हमारे दिल ने भी कहा, आप अच्छे दोस्त नहीं
तो आपकी कसम इस दिल को भी सीने से, निकाल देंगे।

पता नहीं क्युं उन्हे चाहने में, दिल इतना मजबूर हो गया
गैरों को चाहना उनका, बेवफाई का, दस्तूर बन गया
फिर भी दिल कहता है, कसूर उनका नहीं था, मेरा ही था
क्यूंकि उनको तो खुद ही पे गरूर हो गया था।

दिल से चाहा है तुम्हे, मेरी हर सांस आपकी इबादत करेगी
मेरे दिल की हर धड़कन, आप ही की बातें करेगी
हम हर पल, आपके लिये ही दुआ करेंगे
और हमारी दुआएं ही आपकी, हिफाजत करेगी।

दगा खाकर सब कुछ सीखा जाती है, जिन्दगी
हंसी के हर पल, चुरा लेती है जिन्दगी
हंसके जी लो जितना जी सकते है, दोस्तों
सब कुछ रह जाता है यहां और, खत्म हो जाती है जिन्दगी।

अपने सपने से दूर होना, कभी मजबूरी होती है
हकीकत की दुनिया भी, जरुरी होती है
कौन सी हसरत सिर्फ, सपनों से पूरी होती है
जब दोस्त ही साथ न हो तो, हर खुशी अधूरी होती है।

चार फूल यहां गिरे हैं, और चार फूल वहां
चार तुम्हारी जन्नत के लिये थे, और चार हमारे जनाजे के लिये
क्युंकि जिन्दगी में मोहब्बत की गुस्ताखी, हम भी करेंगे यार
सब चलेंगे पैदल और, हम कंधों पर सवार।

भुलकर कभी प्यार न करना, सांप के बच्चों से

भुलकर कभी भरोसा न करना, औरतों के इरादों से

कभी भी कीमत न पूछना, इनसे धड़कते सीनों की

क्यूंकि इन्हे तो आदत है, सिर्फ खून पीने की।

नाम तो आपका, हर पल लेता है कोई

याद आपको, हर पल करता है कोई

अहसास इस बात का, आपको भी होगा

दूर रहकर भी आपको, पसंद करता है कोई।

निशांत की हर खामोशी में जो सनोगे, हर आवाज हमारी होगी

पल पल में जो साथ दे, तो याद हमारी होगी

इक दिन दुनिया की हर खुशी, तुम्हारी होगी

इन सब के पीछे, दुआ हमारी होगी।

जिन्दगी में न जाने कब इक पल खुशी का, किस्सा बन जाता है

न जाने कब कोई दिलदार जिन्दगी का, हिस्सा बन जाता है

जिन्दगी में कभी कोई, हमदर्द मिल जाते है ऐसे

जिन्दगी भर न टूटने वाला, उनसे रिश्ता बन जाता है।

जिन्दगी से हारा नहीं हूँ, क्यूंकि हर गम खुशी में ढाला है

यह दुनिया के सामने मेरा, हर चलन निराला है

यहां तो लोग हर हादसों से डरते हैं, और

यहां हादसों को मैने और, मुझे हादसों ने पाला है।

आपने जो धोखे दिये हैं मुझे, हमसफर समझकर
यकीन नहीं आता कैसे समझूं इसे, इक कारवां समझकर
हमें तो गौर से देखो, मैं वही दर्द भरा दिल दूं
जिसे रौंद डाला था पैरों से, इक बेजुबां समझकर।

हमने तो हमारी जिन्दगी, आपके कदमों में रख दी
यह जिन्दगी तो मेरी अपनी थी, दिल में आया वही रख दी
हमारा दर्द दिल जो उन्हे दिया था, मांगा तो बोले, याद आने
दो कहा रखा
इतनी सी चीज थी, खुदा ही बतायेगा, कहां रख दी।

आपको तो दिल का यार माना, आप निकले दुश्मन जान के
आपने तो धोखा दिया, समझते थे हम आपको, दोस्त ईमान के
फिर भी आपके लिये ये दुआ है हमारी, जाओ दूर हम से
बहारों की तरह
हमें भी आपको मिल जायेंगे राह में, हजारों की तरह।

हम तो दुआ करते हैं कितने दर्द की शाम हो, या सुख का
सवेरा हो
दुनिया की हर ठोकर खा लेंगे, बस इक साथ तुम्हारा हो।
आपने जो मुझे अपना बनाया, बड़ा एहसान किया
छोटा सा इक चिराग था मै, मुझे तुमने सूरज बना दिया।

आपकी तो रंगे महफिलों में जाकर, देख लिया
जो कुछ था हमारे पास सब कुछ लूटाकर, देख लिया
इस दर्द भरे दिल को लाख समझाया, फिर न माना
आपको इक बार फिर आजमा के देख लिया।

प्यार जब हो ही गया है, तो उभरे कई दिल के अफसाने
यह तो जमाना है, किसी का दर्द वो क्या जाने
हमने तो जिन्दगी में, कई मुश्किलें देखी है यहां
बगैर शमा के भी जलते है, कई परवाने यहां।

आप आ गये हो जिन्दगी में हमारी, दिल को अजब हाल सा लगे
मुझे तो हर गुलाब, तुम्हारे लबों सा लगे
अब तो आप मिल ही गये, चान्द की चान्दनी का क्या करें
अब तो यह चान्द भी तुम्हारे सामने, कुछ सांवला सा लगे।

मोहब्बत की है तो, शिकवे और गिले तो होंगे
इस बेदिल दुनिया में, कई फासले भी होंगे
आप तो गिन लेंगे उंगलियों पर, किये हमारे गुनाह
फिर भी हम आपने की हुई, रहमतों के कर्जदार होंगे।

अब भी बीती प्यार की याद, आसपास रहती है
आपकी यादों से कुछ हमारी तबियत, उदास रहती है
आप तो हमें छोड़ गये, पर ये दिल तो मानता ही नहीं
फिर भी क्या जाने, आपके आने की आस लगी रहती है।

प्यार में चाहे खुशियां, हमें कम दीजिए
जो गम आपने सहे वो, हमें गम दीजिए
बहुत मासूम सी होती है, यहां जिन्दगी की खुशी
मुस्कुराकर हर हंसते जख्म, आप हमें दीजिए।

यहां कोई किसी का नहीं था, सब कुछ पराया था
यहा सब कुछ था हमारा, पर अब सब गंवाया था
हमें तो तुम्हारे खोने का खौफ था, कोई अपना न था
तुम जिस जगह रो रहे थे दुआ मांगकर, वो अपना ही मजार था।

आपसे प्यार बेपनाह किया, फिर भी दिल न मिलें
कोई मजा नहीं है सफर का, जहां मन्जिल ही न मिलें
इन बहते दरियों से तो, गर्क होना है अच्छा
गर इतने भी करीब आकर, हमें साहिल न मिलें।

दिलबर के खोने से और रोने से, कुछ हासिल नहीं होता
जो एक बार बिछड़ जाये, वह दिल वापिस नहीं होता
गमों में दूसरों के गमें महफिल, सजाते है हम
पर अपनी तन्हाई संवारने में, कोई शामिल नहीं होता।

सिर्फ पानी से तस्वीर नहीं बनती
सिर्फ ख्वाबों से तकदीर नहीं बनती
प्यार करो दिलबर से तो, दिल से करो
क्युंकि ऐसी हसीं जिन्दगी, दोबारा नहीं मिलती।

प्यार करो तो जानो, जब जिन्दगी दो राह पर लाती है
जिन्दगी एक अजीब कश्मकश में, पड़ जाती है
हर कोई चुन लेता है, किसी एक राह को
और दूसरी राह फिर भी, जिन्दगी भर सताती है।

आँखें आपकी हो, और आँसू मेरे हो
धड़कन आपकी हो, और सांसे मेरी हो
जब हो जायेंगे आपसे, हम जुदा
कफन तुम्हारा हो, और लाश हमारी हो।

सितम दिल पर किसी ने ऐसा, ढाया तो न था
बनके हमदम खून-ए-जिगर, बहाया तो न था
ऐ सनम मिलने से पहले थी, हमारी अकेली जिन्दगी
जिसने सुनहरा ख्वाब, दिखाया तो न था।

दुनिया के इस बेरहम सितम से उजड़ गया, दिल हमारा
आप से मिलने पर फिर दिल लगाने को, दिल किया
हम तो चाहते थे दे दें आपको, हर खुशियां
कह दो न क्यूं आपको, क्यूं हमें ठुकराने को दिल किया।

प्यार किसी के मर जाने से, कभी मरता नही
शरीरों में गम बनकर रह जाता है, मगर जाता नही
इश्क में सब मर जाते हैं, पर फना होते नही
यह तो हकीकत है, वो गर्मों से जुदा होते नही।

दिल जिस्म से निकालकर, दे दिया है तुम्हे
प्यार भरा दिल जरा, संभाल लेना
अभी तो ये जिस्म में, कुछ जान है बाकी
जो है आपकी ही अमानत है, जब खेल लो, इसे भी निकाल देना।

तन्हाइयों से अपनी, मैं अब प्यार करुंगा
प्यार के जो जख्म खाये, वो भी भरता रहूंगा
क्या पता यह जिन्दगी, कब तक साथ दे
प्यार सिर्फ आपसे किया था, अब भी प्यार करता रहूंगा।

प्यार में भी आपने हमें, कैसे आजमाया
कभी हमारी गरीबी पर रुलाया, कभी बदनसीबी से सताया
क्युं रुलाते हो अपने, इस आशिक दीवाने को
जिसने तेरी चाहत में, हर अपनों को ठुकराया।

कुछ दस्तूर है इस जमाने के, प्यार के दीवानो को मिलने नहीं देते
जब हुआ ठुकराया गया, इसके अश्क पीना सीख लो
दे दो ये पैगाम दीवाने आशिक का, प्यार करने वालों को
क्युं तड़पकर मरते हो, बिन सनम जीना सीख लो।

ठोकरें खा खाकर दीवाने ने, आपको आखरी बार बुलाया है
फिर भी गर तुम न आये तो, वो आँसूओं में डूबकर मर जायेगा
वो जब कभी भी सुनायेगा, अपनी प्यार की दास्तान
मेरा तो यकीं है इस प्यार के नाम से, जमाना डर जायेगा।

अब तो मेरे दिलबर जो हंसाते थे, हर बात पर रुलाने लगे हैं
पहले तो दी थी हमें दुनिया की खुशियां, अब सताने लगे हैं
कभी तो पी लेते थे गम हमारे, अपना समझकर
आज हमारी ही बर्बादी पर, मुस्कुराने लगे हैं।

देखते ही देखते, वो बेवफा हो गये
उनकी एक ही ठोकर में, हम तबाह हो गये
उड़ाई है हंसी दुनिया ने, मेरी दीवानगी पर
हमारी मोहब्बत के किस्से, अब लतीफे हो गये।

प्यार कर कर ठुकरा दिया, अब भुलाने को न कहना
अरे गैर से प्यार करके, हमारे प्यार के निशां मिटाने को न
कहना
तुमने तो दगा देकर, बसा लिया बसेरा अपना
अब तुम भी बसा लो, इस दीवाने को ये कभी न कहना।

बचपन से तलब थी, तुम से प्यार की सनम
ये आरजू लिये, तुम से दूर जा रहा हूं
पता है ये मौत ही मिलेगी, आपकी बेरूखी में हमें
तुझे फिर भी जीने की दुआ, दिये जा रहा हूँ।

जुदा तुझ से होकर, गमखोर अब कहूं किसको
तुमने तो ढा दिये सितम, अब प्यार कहूं मै किसको
इतने सितम तो ढाये, अब लोग तो कहते हमे दीवाना
अब तुम ही बताओं, मैं कसूरवार कहूं तो किसको।

प्यार में हर किसी का सिर्फ, ये ही अंजाम होता है
चेहरा आशिक का तो हंसता है और, याद में माशुका के लिये
रोता है
आशिक जब भी प्यार को, अपनी मन्जिल समझता है
उसका वो हमसफर, किसी और का होता है।

खुदा के लिये हमें, युं ठुकराकर मत जाइये
वर्ना अपने इस फैसले पर, आप उम्र भर पछताओगे
सुनकर मेरे मरने की खबर, अपने दोस्तों से
खुद की ही आँखों से उम्र भर, अश्क ही बहाओगे।

इस बदनसीब आशिक से, कौन वफा करेगा
टूटा है दिल इसका इसके दर्दे दिल की, कौन दवा करेगा
न जाने कितने दर्द सहे हैं, इस दीवाने ने
ये रहे खुश, ऐसी कौन दुआ करेगा।

मोहब्बत में सोचा था, कोई गम न मिलेगा
और तुमको चाहा तो, इतने गम दे गये है मुझ को
तुम तो जानते थे, जीते जी मर जायेगा मेरा दीवाना
न चाहकर भी जीने की कसम, क्युं दे गये मुझ को।

इश्क में हर बात का साथ दिया करते थे आप
मेरे गमों के बादलों में भी खुशी, भर देते थे आप
आज किस बात का गम, दे रहे हो आप
सब को ठुकराके आपके पास आये, और बदल गये है आप।

जिन्दगी में मेरी बदनसीबी के सिवा, कुछ भी नही
दिल फाड़कर देख लो - सिवा मोहब्बत के, कुछ नही
खुशनसीब है वो, जिन्हे प्यार मिला दिलबर का
सिवा तड़पने के यहां, जिन्दगी में कुछ भी नही।

छोड़कर गये हो दूर तुम, मेरी जिन्दगानी से
आग सी लग गयी है, इस गरीबखाने में
अंधेरे तो कुछ, इस तरह बख्शे है तूने मुझ को
डर लगता है, रोशनी में आने में।

दीवानों ने प्यार करना, दुनिया की भीड़ में नहीं सिखा
दीवानों ने प्यार करना न रातों की तन्हाई में सिखा
दीवानों ने सिर्फ, अश्क बहाना भी
यारों सिर्फ उसकी, जुदाई में सिखा।

मिजाज में थोड़ी सख्ती
लाजमी है हुजूर
लोग तो पी जाते समन्दर
अगर वो खारा न होता।

नफरत कमाना भी, इस दुनिया में
आसान नहीं है
आँखों में खटकने के लिये भी
कुछ खूबियां, तो होनी चाहिए।

पीठ पीछे कौन, क्या बोलता है
इससे फर्क नहीं पड़ता
सामने किसी का, मुंह नहीं खुलता
इतना काफी है।

दिल से की थी, मोहब्बत आपसे
इसकी कभी भी, वफायें दे नहीं पाये
परछाईं की तरह रहे, आपके साथ
हमारे प्यार को कभी, आप देख भी न पाये।

हुस्न वाले कितनी, नजाकत से तुझे
ऊपर वाले ने, शौक से बनाया होगा
जब भेजा होगा, तुझे इस जमीं पर
उसके भी दिल में, कहीं दर्द उभर आया होगा।

प्यार किया है, आपसे रूकावटों का दौर तो आता है
फिर भी प्यार के रास्ते में, कोई रास्ता तो निकल आता है
कितने भी प्यार के खिलाफ आंधियों में
चिराग मोहब्बत का जल जाता है।

प्यार तो सिर्फ उसे कहते है, इसमें क्युं न सजा मिलती
उस दर्दे प्यार के खातिर
न जाने हमने क्युं, इतने दिल ठुकराये
उस बेवफा के खातिर।

वक्त बदल जाने से, इतनी तकलीफ
नहीं होती
जब कभी कोई, अपना बदल जाये
तो तकलीफ होती है।

दिल पर तो निगाहों से ही
चोट लगती है
जब मेहबूबा देख कर भी
अनदेखा कर दें।

बेवफा ने जब, जुदाई की मुझ से
मेरे टूटे हुए, दिल ही ने बगावत कर दी
कितना दबाया मैने, दर्द अपना
गमशुदा आँखों ने ही, बगावत कर दी।

कहां गयी वो लैलायें
जो उस दौर में, वफायें रखती थी
आज के इस दौर में, प्यार की दुआ कबूल न हुई
तो ये अपने खुदा को भी, बदल देती है।

नजरअंदाज करोगे तो, हम तुम से दूर हो जायेंगे
गम की अंधेरी गलियों में, हम युं ही खो जायेंगे
दिल ने हमारे कह ही दिया, अब गर आपको फिक्र नहीं है हमारी
कल से हम भी, बेफिक्र हो जायेंगे।

असली प्यार तो, उसे कहते है यारों
जिसमे साथ साथ रहने की, आशा कम होती है
लेकिन दोनों के अंदर
फिर भी, बेशुमार मोहब्बत होती है।

वो तो हम से, नफरत करते हैं
हम फिर भी, सिर्फ उन पर मरते हैं
नफरत उन्हे है, तो क्या बुरा यारों
कुछ तो है आपस में, जो वो हम से करते हैं।

चलो अलविदा, आपसे होने से पहले
मै ये दुनिया वालों को, बता दूं
अगर बेवफाओं की गर, अलग दुनिया होती
तो मेरी माशुका, वहां की नफरतों की रानी होती।

ठोकर खाकर अकेला पड़ गया हूँ, दुनिया की भीड़ में
कुछ ऐसा नहीं, कि, मैने उनका याराना छोड़ दिया
याद तो, उनको दिल से करता हूँ
लेकिन कितना करता हूँ, बताना छोड़ दिया।

प्यार में मुझे, उस मन्जिल के मुंकाम तक जाना है
पर अगर मेरा प्यार न दिखे, वो मन्जिल किस काम की
जहां मेरा प्यार याद न आये, वो तन्हाई किस काम की
गर मेरा यार रूठ जाये, तो खुदाई किस काम की।

जो गुजर गया समां, कभी उसे याद न कर
आगे क्या लिखा है तकदीर में, उसकी फरियाद न कर
जो कल होना है, वो तो होकर ही रहेगा
बस् आने वाले कल की फिक्र में, अपना आज बरबाद न कर।

काश उनके दिल की, अगर
तलाशी संभव होती
तो पता तो चलता, कि उसके दिल में
मैं कितना आबाद हूँ।

जब प्यार उनसे हुआ
तो जवानी के दौर में, उनकी बड़ी बड़ी बातों में बह गये
जब जवानी ढली
तो उनकी छोटी छोटी बातों में, बिखर गये।

मोहब्बत करके देख लों, दुनिया कितनी हसीन है
हर किसी को, इक हमसफर की तलाश है
प्यार में किसी के पास साथी है, पर प्यार नही
किसी के पास बेशुमार प्यार है, पर साथी नही।

अपनी मोहब्बत में, खुशियों का जुनुन चाहिए
प्यार में इतना, हर वक्त वादों का सलीका चाहिए
यह आसमान भी आ जायेगा, इस जमीन पर
बस् प्यार करने वालों को, साथी का भरोसा चाहिए।

बेवफा इश्क खो जाये, तो उसके लिये रोया नहीं करते
किसी हसीन का फिर प्यार मिले, उसे खोया नहीं करते
प्यार करने वालों के सितारे, हमेशा चमकते हैं
बेवजह जो खो गयी, उसके लिये रोना रोया नहीं करते।

दुनिया में गर अच्छा करोगे, तो अच्छा ही होगा
ये तो सच है, जैसा चाहो हर बार वैसा नहीं होगा
कोई साथ आये न आये, इसका गम न करना
अच्छे रहोगे तो दुनिया के जैसा, हमसफर नहीं होगा।

खुदा ने बनाया मेरा मुकद्दर, जिस पर मैं रोया बहुत
बेवफा प्यार पर, इस दिल ने खोया है बहुत
बड़ी मुश्किल से तुम मिले हो, कहीं खो न जाना
इस दिल के दीवाने ने अब तक, खोया है बहुत।

मैंने तो अपनी मोहब्बत का, कई बार इजहार किया
दुनिया की हर चीज ठुकरा दी, सिर्फ तुम्हे प्यार किया
मैंने मेरे हर दिल के कोने से, प्यार का पत्र तुम्हे दिया
तुम तो सिर्फ मुस्कुराते रह गये गम दे कर, कभी पत्र का
जवाब न दिया।

आपकी जुबां हमें देख कर, कभी हिलती नही
कम से कम एक पत्र में, प्यार लिख दिया होता
कसम खुदा की, कोई न पढ़ेगा, इसे हमारे सिवा
अपने दीवाने पर, इतना तो भरोसा किया होता।

जिन्दगी में जले उनके खुशियों के दिये, वो बूझाऊं कैसे
अपने इस दिल में जले खुशियों के दिये, जलाऊं कैसे
ये तो उनका सबब था, कि तड़पे ये दीवाना
अब खुदा तू ही बता, उसको मेहबूबा बनाऊं कैसे।

आखिर दुनिया ने बता ही दिया, हम दीवाने है सताये हुए
खुद अपनी ही मेहबूबा के, ठुकराये हुए
तसब्बुर था हमें, उनके साथ जीने का
आज वो ही बैठे है, हमें भुलाये हुए।

सदमें दिये हैं दिल को और, पूछा दर्द दिल का क्या कम हुआ
फिर हाथ में दिया हाथ और हटाया, और वो ही आलम हुआ
लूट तो गया था मै, शराफत उसकी देख कर
अफसोस रहा बार-बार, उन्ही के हाथों मेरा मातम हुआ।

चाहते चाहते आपको, न जाने मैं कहां खो गया
था जो पहले मेरा खुदा, न जाने कहां खो गया
अब तो आदत डाल दी, आपने ख्वाबों की
मैं उठ न सकूं कभी, वो ख्वाब देखने मैं सो गया।

कभी मेहबूब कभी जां, कभी नजाकत कहता हूँ
न जाने क्युं कितने नामों से पुकारे है, दिल मेरा
अगर मैने मेरी गजलों में लिया, नाम तुम्हारा
कल दुनिया आपको ये न बोले, कातिल है मेरा।

न जाने क्युं वो मेरी जिन्दगी से, दूर होने लगे हैं
अब तो हर अंदाज, जिन्दगी के दूर होने लगे हैं
मोहब्बत के एक चिराग बूझाकर, दूसरे जलाने के
आजकल ये दस्तूर होने लगे हैं।

आशिकों के कभी, अच्छे नसीब नहीं होते
आशिक खुशियों के, कभी करीब नहीं होते
कम ही होते है जिन्हे, मिली है ये मोहब्बत
मजारों पर भी इनके, कोई गुल नहीं होते।

इश्क में आपसे क्या कहें, कुछ कहा नहीं जाता
ये दर्द ही अनोखा है, अब रहा नहीं जाता
दोस्ती आपसे हो गयी है, इस कदर ऐसी
बिना आपको याद किये, रहा नहीं जाता।

उदासियों की वजह तो
बहुत है जिन्दगी में
पर बेवजह खुश रहने
का मजा कुछ और ही है।

प्यार का रिश्ता, अनोखा नहीं होता
कभी कभी इसमे अच्छा, मौका नहीं होता
फना कर दो जिन्दगी, अपनी आशिकी में
क्युंकि आशिक के प्यार में, धोखा नहीं होता।

कुछ ही पल में पलकों से, आँखों की हिफाजत होती है
प्यार में माशुका के दिल की, धड़कन ही अमानत होती है
और उसपर ये प्यार का रिश्ता भी कुछ अजीब है
इन्तजार करो तो तकलीफ और न करो, तो शिकायत होती है।

खुदा जब भी तकदीर लिखना, बेहिसाब लिखना
हमदर्द की जिन्दगी में सिर्फ, मुस्कान लिखना
कभी न मिले कोई दर्द या दुख, उसे जिन्दगी में
अगर तू चाहे तो यह कीमत में, मेरी जान लिखना।

मोहब्बत के इस समन्दर में, मै डूब जाना चाहता हूँ
मैं भी मजनू बनकर, इश्क के कांटों पर खिल जाना चाहता हूँ
इस जमीं पर चाहतों के मंजर और, हुस्न की वादियां बेमिसाल है
इन इश्क की नदियों में भीगे लम्हों की मुस्कान पर, फूलों
सा महक जाना चाहता हूँ।

जिन्हे प्यार करते थे, सब खामोशियां सब्र का इम्तेहां बन गयी
अब तो मजबूरियां, प्यार में इल्जाम बन गयी
वो तो जिन्दगी में आये और, आकर चले गये
और मेरी जिन्दगी खुशियों की, चन्द लम्हों की मेहमान बन
गयी।

रुसवाई की शाम आये, उसे पाने की जिद न करे
कोई अगर ठुकराये, उसे पाने की जिद न करे
जीवन तो एक समन्दर है, तूफान बहोत आयेंगे
इसीलिये साहिल पर कभी, घर बनाने की जिद न करे।

वो दीवाना इश्क के लिये, दुनिया से बगावत कर बैठा
चलती जिन्दगी को छोड़, मौत से मोहब्बत कर बैठा
अब भी कहता हूँ, दीवाने तू संभाल ले अपने दिल को
फिर पछतायेगा, अगर कोई कयामत कर बैठा।

आशिक हूँ तेरा तेरे हर सितम का हिसाब, हम से न होगा
जला दूं अपने इश्क की किताब कैसे ये भी, हम से न होगा
अब तो सिर्फ ख्वाब ही वफा है, जिसमें तुम होते हो रूबरू
तोड़ दूं ये भी ख्वाब, ये हम से न होगा।

दिल तो तोड़ा है हमारा, हमारे ही मेहरबानों ने
बेवफाई को समझ बैठे प्यार, हम जैसे नादानों ने
समझे थे एक तुम ही पढ़ सकोगे, दिल के अल्फाज हमारे
गर्क हो गये जाने कितने शायर, जो प्यार किया दीवानों ने।

प्यार करोगे तो हर सफर, युं ही कट जायेगा आपका
बांट लेंगे हम दीवाने, हर जो गम है आपका
चुन ही लेंगे पलकों से हर कांटे, आपकी राहों के
प्यार इस तरह करेंगे, हर कांटा घट जायेगा आपका।

जिन्दगी की, इक खामी रही कि
जी न सके, इसे तुम्हारे आगोश में रहकर
अर्ज करते हैं, कम से कम मौत
तेरे ही, आगोश में आये।

और न जाने, कितने जख्म लिखे हैं
इस मेहमान, जिन्दगी ने
कभी दुश्मन बनकर
तो कभी, दिल का मेहमान बनकर।

क्युं लोग मोहब्बत करके, वफा नहीं करते
गमों में रहते हैं, इबादत नहीं करते
शौक तो बहुत है, उन्हें सजने और संवरने का
फिर अपनी हिफाजत वो, आइनों से क्युं नहीं करते।

बीते हुए वो मंजर और, नजारों को देख कर
आपको जरुर आयेगी, यादें हमारी
भले ही टूट गया है, रिश्ता हमारा मगर
मिलती रहेगी, हर राह पर मुबारकबाद हमारी।

दिल टूटता है जब दिलरूबा, वफाओं को ठोकर लगाने लगे
हमारे सामने तोड़कर हमारा दिल, हमें रुलाने लगे
चलो उन्हे इक दिन अहसास तो होगा, अपनी खता का
छोड़कर जब ये दीवाना, दुनिया से दूर जाने लगे।

जुदाई में पराये यार की याद आये तो, तकलीफ तो होती ही है
हर ठोकर में, उनकी कमी महसूस तो होती ही है
क्या करें इस कम्बख्त दिल को, याद तो आती ही है
और हर आहट की यादों से, यादें मजबूत होती ही हैं।

हमारे हर गम में कभी, वो पोंछते थे हर आँसू
आज कैसे आपका हमें, रुलाने को दिल किया
दिल तो गया टूट और, आँखों से निकले आँसू
जब भी दोस्तों की महफिलों में, मुस्कुराने को दिल किया।

बिखर तो गये हैं हम, अब हमारी सलामती की दुआ न करना
हम तो टूट चुके, अब किसी और से वफा न करना
हम तो जी रहे है रुसवा होकर, इस जमाने में
हाथ जोड़ते हैं, किसी और को रुसवा न करना।

कभी पूछोगे हमारा हाल गैरों से, तो खुशहाल नजर पाओगे
मिलोगे जब करीब से, सिर्फ उदासी ही पाओगे
लिखे थे जो प्यार के शेर, इस दीवाने ने
दिल से कभी पढ़ना, सारी उम्र तुम अश्क ही बहाओगे।

सारे गम तो भर दिये, उसने जिन्दगी में हमारे
आज तो सिवा गम के, कुछ भाता ही नही
गमों के घनघोर अंधेरों में, कर गये है वाकीफ
उजालों में अब कुछ, नजर आता ही नही।

दिल में जो जख्म दिये, आपने मोहब्बत के
अब तो नासूर से बन गये है, जीने के लिये
अब तो तबाह हो गया है, प्यार का गुलशन
कोई फूल न बचा, हमारे जनाजे के लिये।

कमसीन उम्र का प्यार, भुलाना आसान नहीं
पहले ही जख्म जिगर के मिटाना, आसान नहीं
दीवाने मर जाते है यु ही, घुट घुटकर
जिन्हे मिल जाये, आप जैसे मेहरबान कहीं।

कितनी नाराजी है, मेरे इश्क में देखो
उस बेवफा से मैं, वफा करता ही रहा
उन्होने तो अब छीन ली, मेरी खुशियां भी देखो
उसी की खुशी के लिये, दुआ करता ही रहा।

नाराजी छोड़ दो, तोड़ दो होंठों की खामोशी, पलकें उठाओ
प्यार पर गर गैर जले, तो पास आकर जलाओ
प्यार के खातिर हर कुर्बानी, आपके कदमों में कर देंगे
ये दिल, जिगर, और जां, तीनों तुम्हारे नाम कर देंगे।

नाकामयाबी गर मिलें, तो मायूस न हो
जिस चीज पर दिल आये, ये मुमकीन भी नही
अगर जल रहे हैं१ घी के चिराग, गैरों के, मायूस न हो
जिगर दिखा निकलेगा तेरे इज्जत का जनाजा, ये मुमकीन
भी नही।

सदमें तो सह लिये, अब हंसी गुलों की देखेंगे
खुद क्या बर्बाद हुए, ये बर्बादियों को भी हम देखेंगे
खुदा जाने इक दिन, तो हमारा होगा
वो देखेंगे खुदा को और, हम सिर्फ उन्हे देखेंगे।

डोली तो उनकी चली गयी, बड़े ही शान से
हम तो आँसू सजा रहे हैं, तारों के नाम से
गैर तो आये और, आकर चले गये
आज तो नींद भी आ गयी है, चिरागों को शाम से।

मोहब्बत के जनाजे पर, सफर करने को जी चाहता है
अपनी हस्ती मिटाने को भी, जी चाहता है
क्या करें वो हम से खफा, और हम उनसे खफा है
फिर भी उनसे, इजहार करने को जी चाहता है।

फिदा तो हम हुए बर्बाद भी हम हुए, फिर भी तेरी महफिल
में आये हैं
तू देख टूटे हुए बिखरे हुए ये तेरे आशिकी के चिराग भी,
महफिल में आये हैं
जरा उठकर तो आ जाओ, अपनी बज्म में हमारे खातिर
यह तो सिर्फ हमारा दिल ही जानता है, ये किस दिल से आये है।

आँखों से दूर, सुबह के तारे चले गये
नींद क्या लगी, गमों के नजारे चले गये
दिल तो था हमारा, उनके गम में है गमगीन
और हम शीशे में, हमारी जिन्दगी उतारे चले गये।

बेवा है पर बेवफा नहीं तू, ये दिल है तेरे हर गम का आशकारा
हर गम अब तुम्हारा, हमें जिन्दगी से प्यारा
गर आप बुरा न माने, तो रस्में जहां की फूंक दूं
अब बस इस दिल के सुकुन की खातिर, तुम्हे ढूंढ लूं सहारा।

इश्क भी क्या चीज बनाई है, रब ने
बन्दे तेरे ही गिरजें में, तेरे ही मंदिरों में
तेरे ही सामने, आँसू बहाते हैं
तेरे लिये नही, किसी और को पाने के लिये।

ठुकराये हुए तेरे अब, वो दीवाने कहां जाते
जो प्यार में निभाये, वो अफसाने कहां जाते
दिल तो उनका जलता है, सिर्फ दिखता अब तो है मैखाना
गर वो भी न मिलता तो, ठुकराये हुए कहां जाते।

क्या थी और क्या बन गयी, तकदीर अपनी
इसे देख कर तो कभी हंसते हैं, कभी रोते हैं
दिलबर ने दिये तो है, दर्द बहुत
उन्हे तो अब अपने ही, अश्क से धोते हैं।

लिखने वाले ने, सिर्फ मेरी तकदीर में
सिर्फ इतना ही, लिख दिया होता
इतना चाहता था, मै जिसे
सिर्फ कुछ पल के लिये, अपना बना लिया होता।

प्यार करने वाला, दिल का बुरा नहीं होता
प्यार करने वाला, कभी बेवफा नहीं होता
चिराग तो बूझ जाते हैं, अपनी गलतियों से
हर बार कसूर, हवा का नहीं होता।

जाने क्या क्या सपने थे, आँखों में सारे ही ढह गये
सारे पवित्र रिश्ते, हमारे अश्कों के साथ बह गये
तुम्हारे साथ जोड़ ली थी, जिन्दगी की हकीकतें
जाने कैसे नसीब थे हमारे, हम तो तन्हा के तन्हा रह गये।

बदनामियां इतनी पायी, अब हमे अपनायेगा कौन
दिल के टुकड़ों को, अब जुड़वायेगा कौन
लगता है, कि खुदा की यही रजा थी
इस टूटे दिल को, अब समझायेगा कौन।

गुलशन को कभी, कांटों से सजाया नहीं जाता
बर्बाद हो गये इश्क में, तो जश्न मनाया नहीं जाता
दिल तुझ जैसे बेवफा पर आये, ये करामत थी खुदा की
कभी दीवानों और बेवफाओं से, दिल लगाया नहीं जाता।

आपके हुस्न का जलवा देख कर, तो खुदा भी खो जाये
गुलशन ही क्या, सारी जन्नत भी फीकी हो जाये
आपकी चाहत में, हम तो जन्नत से भी लौट आये
सिर्फ खुदा से दरख्वास्त है, हर वक्त आपका दीदार हो जाये।

जुदाई में गम ही मिले, फिर भी जिये जा रहा हूँ
आपने तो प्यार में हर वक्त दिया जहर, फिर भी पीये जा रहा हूं
आखिर तो आपने हमें कहला ही दिया है, दीवाना
लो अपने शेरों के द्वारे, मोहब्बत वालों को रोशनी दिये जा
रहा हूँ।

प्यार से पहले अश्क, गम, अर्थी सब यही थे मेरे पास
आप आये बहारों की तरह, आये अब नये जज़्बात
आपके इस दीवाने को पहले सूझती थी, सिर्फ मरने की बात
आज हर वक्त खिलते हैं, सिर्फ आपके खयालात।

चैन बसैर की जिन्दगी, हम जी न सके
मर मिटे आप पर, जहर पी न सके
नसीब में जख्म है, ये मर्जी है खुदा की
इसीलिये टूटे दिल के जख्म, हम सी न सके।

बेवफा हवा में, जला दिल का दिया आज तक
ठोकरें खाई, जिन्दगी उजड़ी आपको न बताया आज तक
बेवफाओं से क्या है वफा, वो हम नहीं जानते
आपने जो दी है सदा, कुछ न कहा आज तक।

तुम से बिछड़कर जाने कहा हूं मै, न जाने किस शहर में हूँ
जिन्दगी मिली ही ऐसी, जख्मों से हमेशा बचाये रखा
कहां मिली है हमे जमाने ने जो दी गर्मों की फुर्सत
फिर भी तेरा ही गम सीने में, आज तक बसाये रखा।

हम को आजमाना चाहते हो तो
फुर्सत मिले तो, निकलकर आ जाओ मेरी महफिल में
ये तो दावा है मेरा
लौटते वक्त दिल नहीं पाओगे, अपने सीने में।

याद आता ही है पुराना प्यार, दिलबर चले जाने के बाद
टूट तो जाता है दिल, इतना प्यार जताने के बाद
कभी हम भूल जाये, तो कभी वो भूल जाये
याद तो आता ही है, वो प्यार इक जमाने के बाद।

तैरना आता नही, डूबने पर समन्दर को दोष देते हैं
वफादारी तो करते नही, किस्मत को दोष देते हैं
प्यार तो मिला था, पर नीयत खराब थी
उससे जब मिली ठोकर, अब पत्थरों को दोष देते हैं।

उनसे हमने प्यार किया, पर वो हमारी खामोशियों को
समझ ही न पाये
और वो जब हमारा खामोशी का प्यार समझ पाये
पर हम इजहार कर न पाये।

खामोशियां ही लिखी थी, हमारी फितरत में
तभी तो निभा पाये बरसों से, जमाने वालों से
अगर हमारे हर सवालों में, जवाब होते, तो
सोचो कितना बवाल होता
समन्दर सारे गर शराब होते, तो कितना बवाल होता
हकीकत गर ख्वाब होते, तो फिर कितना बवाल होता।

मुकद्दर ही मेरा, हम से खफा हो गया
जिसको था माना अपना, अब वो बेवफा हो गया
मेरी नजरों को शिकायत, तो रातों से थी
आज तो हर सपना पूरा होने से पहले, सवेरा हो गया।

किसी को तो है शोलों से ठंडक, कोई बर्फ से जलता है
किसी के पांव बहक रहे है, तो कोई घुटनों के बल चलता है
हम तो हैरां है, इस बेवफा जिन्दगी से
कोई महलों में तड़प रहा है, कोई सड़कों पर हंसता है।

एक सवेरा था, जब हंसकर उठते थे हम
और आज
कई शाम, आज तक गमों में
ढल गयी।

उनसे नजर क्या मिली, और प्यार हो गया
उनकी पलकें झुकी, और इकरार हो गया
खुदा ने क्या कशीश भर दी, मेरी निगाहों में
आज तो अंजान, हमारी जिन्दगी का हकदार बन गया।

ठोकरों के उनकी हर पाई पाई जोड़
रखी थी हमने
मेहबूब ने प्यार से गले लगाकर
हमारा हर हिसाब, बिगाड़ दिया।

प्यार तो बेहद था आपसे, हर वक्त तुम
हमारे दिल में बसी रहती है
आज तेरे न रहने से, अब इतनी कमी रहती है
मैं लाख मुस्कुराऊं, मगर आँखों में नमी रहती है

जरा सी बात, रातभर रुलाती रही
खुशी में भी आँखें, आँसू बहाती रही
कोई खो के मिल गया, कोई मिलके खो गया
जिन्दगी बस हमें, यं ही आजमाती रही।

वो दर्द क्या, जो आँखों से बह जाये
वो खुशी ही क्या, जो होंठों पर रह जाये
आप कभी तो समझो, हमारी खामोशी को
वो बात ही क्या, जो लफ्ज आसानी से कह जाये।

छोड़कर तुम्हारी दुनिया से दूर, जाने को तैयार तो थे हम
आपने यं ही नजरें घुमाकर, क्यं रख दी
आपके हर इशारे पर, हर इल्जाम भी सह लेंगे हम
फिर बेवजह झूठे इल्जाम लगाने की, जरुरत क्यं रख दी

प्यार ने मजनू बना दिया, क्या ऐतबार निकला
हमारे जनाजे में तो देखो, सारा शहर निकला
गम तो था, कि आप बाहर न निकले
आपकी गल्ती के खातिर, तो ये जनाजा निकला।

वफाओं की बातें, जफाओं के सामने
ले चले हम चिराग, हवाओं के सामने
उठे है जब भी हाथ, बदली है किस्मतें
मजबूर है रब भी, दुआओं के सामने।

दिया जो दर्द दिल को, वो ठहर क्युं नहीं जाता
बर्बाद जो वक्त हुआ, वो बीत क्युं नहीं जाता
बेदर्दी, तेरा एक ही चेहरा था सारे जहां में
जो दूर रहकर भी, दिल से उतर क्युं नहीं जाता।

हम से पूछो कैसे होता है, बुरा वक्त बीताना
बड़ा मुश्किल है, ये इस दिल को समझाना
हमारी जिन्दगी तो बस, युं ही बीत जायेगी
बहुत मुश्किल है कुछ, लोगों को भूल जाना।

फरेब था प्यार में, मिलावट भरी थी सभी बातें
टूटे दिलों में, मौत के समय आती है याद सभी बातें
रूह पर मेरी, क्युं मुस्कुरा रहे हो
पुष्प बिखरा रहे हो, या बिजलियां गिरा रहे हो।

धुआँ ही धुआँ था शहर में, इस राख को देखने के कुछ
अरमान थे
खाक हो गया सब कुछ, सिर्फ शमशान ही शमशान थे
बदन में चूभ गयी किसी की हड्डि यां, जिसके ये बयान थे
देखने वाले कुछ देख कर चल, यहां हम भी इन्सान थे।

गर्मों की खाई मिली और, समझे हम सादगी
गुलों का धोखा खाकर, कांटे मिले हमें
बेवा बनकर क्युं अब कोसती हो, मेरे मजार पर
अब भी नहीं जानती क्युं तुमने, मिटा दिया हमें

मजनू बना दिया है हमें, ये किसका कसूर था
मरके तुम्हारे हुस्न पर, वो नशे में चूर था
बेवफा बिजली गिराने वाले, बिजली वहां गिरा
जिस शाख पर बसा, किसी का आशियां न हो।

युं विदा करके जाओगे, कैसे मै मना पाऊंगा
वैसे भी प्यार में, रूठों को मनाने का वक्त कम है
अब तो उम्र भर, तुम्हारा इंतजार कर लेंगे
खौफ तो बस ये ही रहेगा, उम्र अब कम है।

गम में आपके मेरा शौक न भर जाये कहीं, तू दिल से न
उतर जाये कहीं
बहुत दिनों से देखा है आपको कहीं, ये पल न गुजर जाये
कहीं
कही उदास चेहरों से तेरा, हुस्न न बिखर जाये कहीं
तमन्ना हमारी बस ये ही है, तू आ जाये, हमें छोड़कर न
जाये कहीं।

अब ये दिल को बेचैनी हो रही है, लेकिन जीने की हिम्मत हो रही है

मै तो मजनू की तरह फिरता हूँ मारा मारा, और तू चैन से सो रही है

हम तो ठहरे प्यार के मुसाफिर, पर ये प्यार की बस्ती विरान हो रही है

इसे न समझो तुम प्यार की बहारें, यहा फिजा भी पत्तों में छिपकर रो रही है।

चर्चा तेरे नाम की होती है, कभी कभी

परेशान भी हुई है तबीयत, कभी कभी

अब हम इसे प्यार कहें या, अपनी लाचारी

दिल को मिलती है आपसे राहत, कभी कभी

दिल मेरा तुम से मिलकर, अब ठहरा है

आज तक तो कई कयामत मिली, कहीं कहीं

आज तो तेरी सुना है विदाई है

महसुस हो रही है मेरी मौत को, तेरी जरूरत कहीं कहीं।

तन्हा गुजरी है जिन्दगी, अब तो आँख के आँसू बना मुझ को

अब तो खाक में मिल रहा हूँ, पलकों पर सजा मुझ को

तड़प रहा हूँ तेरी दिल्लगी को, मै

तू तो आइना है मेरा, अब तो मेरे अक्स से मिला मुझ को।

बनकर कई दुआओं से फकीर, अब भी तेरे इंतजार में था
छान लिया सारा शहर, बस तेरे इन्तजार में था
तुमने जो जख्म खाया था, मेरे दिल के लिये
अब तो वो गुलाब बनेगा, ये इन्तजार में था।

अब तो तेरे नाम से, मेरा नाम जोड़ लिया
प्यार के दुश्मनों ने, इसे भी तोड़ ादिया
आना है तो सामने आओ, दिल तोड़ने वालों
मैने दिल की खिड़की के हर कांच को तोड़ दिया।

टूट गया दिल तो क्या, उनके सामने खुश रहता हूँ मै
मिल जाये कोई दीवाना, अपने फसाने जरूर कहता हूँ मै
यह जिन्दगी तो इक तूफां है, फिर भी इस तूफां में
हर भंवर के खिलाफ, बहता हूं मैं।

बेवफा तेरी बेवफाई से, अब हो गये है जहां से दूर
आपके दिल से शायद न उतर गया, गुब्बार क्या
हो गया है अन्जाम, ये ही मजनूओं का ऐ दोस्त
रोता है ये मजनूं कहीं, बैठकर जार-जार क्या।

अगर तुम्हारे अश्क की यातनाओं से, हमे कोई सजा मिलें
कई मईकदों पर गये हम, कई पाश्दा मिलें
कई बूतों पर गये, हम, कि हमें खुदा मिलें
जितने भी इश्काई फकीर मिलें, सभी बादशाह मिलें।

कही फूलों की बारीश है, कहीं कांटे बरसते हैं
ऊपर वाले ने बनायी ये फितरत है, कोई रोते हैं, कोई हंसते हैं
जनम लिया है, मुश्किलें तो आयेगी
आशिकों के गले में निवाले भी, अटक अटक के निकलते हैं।

रास्ते का पत्थर उसे न बोल, कुछ नरमाई से देख उसे
बैर कितना करती हो, अपने दिल में जलता देख उसे
दीवाना तेरा एक सिर्फ जिस्म नहीं है, एक प्यार का एहसास
भी है
आशिक है तेरा, कभी रातों का चान्द बनके निकलता देख उसे।

गैर होकर पूछते हो, आपका हालचाल क्या
अब तो उजड़ा चमन है, अब फिजा क्या हिजा क्या
सौ बार आपके किये, वादों को आजमा चुका
तेरी दी हुई तसल्ली का, वो करें ऐतबार क्या।

लूटा दिया है तेरे प्यार में, अब देख डूबता सकीना अपना
दुश्मनी दिल में है और कहते हो, कर लो ठंडा सीना अपना
हमने तो छोड़ खुशियां, गमों में गुजारे है सावन
अब तो सकीना डूब गया, कहां से देखे तुम्हारा सपना।

ठोकर तो खा चुके हैं, अब पूछते हैं हम हाल दीवानों से
कहते है अब रास्ता बदलना ही, अब चतुराई है
यहां तो तोड़ गये हैं, वफा कैसे कैसे लोग
इस जहां में कोई दोस्त नही, हर इक हरजाई है।

आशिक गरीब था और जर ढेरो था, उनके पास
प्यार तो कर बैठा न था पैसा, धेला उसके पास
उसकी तो एक ही तमन्ना थी, ख्वाब में मिलूं इक बार
प्यार सालों से किया था, गलियों में पास पास।

इतनी नजदीकियां थी, फिर भी मिल न सके किसी से हम
अब तो देखते हैं, हर खुशी हर गम दूर से हम
उन्होने तो दिये हर कदम पर, सैकड़ो फरेब हमे
आज वो ही फरेबी से पूछ रहे है, प्यार की मन्जिल हम।

कभी अपनों ने धोखा किया, कभी परों ने धोखा दिया
तुझे पाने के लिये, हमने हर दुख को झेल लिया
आखिर मेरा हमदर्द, हमारे पास आने को ही था
गमों की काली घटाओं ने, उसे फिर रोक दिया।

प्यार तो था हम से, उसे आजमा कर क्या निकला
मेरे प्यार का दर्द, तुझे तेरी सोच से गहरा निकला
आखिर तूने तो तोड़ ही दिया, दिल का आशियाना
अब तू ही बता तेरी, सूरत के सिवा इसमें क्या निकला।

क्या कहे, कि उनकी हर बात इस दिल को लुभाती है
आपकी हर अदा और, खता भी भाती है
पता नहीं क्युं ये दिल, आपकी याद में उदास है
क्युंकि हर वक्त, यह जुबां पर आज ही की बात आती है।

मोहब्बत की दहलिज पर, हमने जो रखा था कदम
सिर्फ दोस्ती हमने, गुलों से कर ली
जब छोड़ दिया साथ, गुलों ने हमारा
बाकी की जिन्दगी, कांटों में बसर कर ली।

चाहत में तेरी रुसवा होकर, बहारें चमन से दूर हो गयी
कुछ हमारी भी जिन्दगी, जीने को मजबूर हो गयी
आपके तो हमने उठाये, हर नाज ऐ सनम
न जाने क्युं तू इतनी, मगरूर हो गयी।

आपने क्युं इस आशिक के सामने सिर से आंचल गिराया
और फिर वो गिरा आंचल, भी न उठाया
गर आपको दुनिया से, इतना डर था सनम
तो इस नाजुक दिल को, झूठा यह सपना क्युं दिखाया।

इस आशिक के दिल पर, जख्म बहुत दिये हैं आपने
अब तो इस जख्मों पर, कोई मलहम काम न आये
अब तो देख तड़प तड़प कर, मर जायेगा ये दीवाना
फिर भी तेरे जालीम लबों पर, उसका नाम न आये।

आपको तो समझा था, हमने जिन्दगी अपनी
लेकिन मौत से ज्यादा, सताया क्युं आपने
हमने तो सोचा था, फूल मिलेंगे आपसे
ये दर्द कांटों सा, दिया क्युं आपने।

जिन्दगी तो संभालती रही
हमें दो पांवों पर
और मौत के नखरे तो देखो, आते ही कह दिया
मुझे चार कंधे चाहिए।

बदनसीब है वो, जिसे यार न हो
खुशनसीब है वो, जिसे दो चार हो
फक्र है तुझ पर ऐ दोस्त, तेरे पास तो दोस्तों का खजाना है
खुश तो हम भी होंगे, काश, उसमें का इक दाना हम हो।

था कोई जो मेरे दिल को, जालीम ले गया
जाते जाते जिन्दगी भर, रोने की कसम दे गया
लाखों फूलों में से, एक फूल चुना था मैने
वो तो कांटों से भी, गहरा जख्म दे गया।

दोस्ती रूह में उतरा हुआ
रिश्ता है साहब
मुलाकातें कम होने से
दोस्ती कम नहीं होती

कटा है जिन्दगी का सफर
इसी सहारे पर
कि आप खड़े हैं
वहां दूसरे किनारे पर।

बस् खुद्दारी ही है मेरी दौलत
जो मेरी हस्ती में रहती है
बाकी जिन्दगी तो फकीरी है
जो अपनी मस्ती में रहती है।

एक चाहत होती है साहेब, अपनों के साथ जीने की
वर्ना पता तो हमे भी है, कि ऊपर अकेले ही जाना है
हमारे जज्बात कहते हैं, खामोशी से बसर हो जाये
पर दिल के दर्द की जिद है, कि वजह की दुनिया को खबर
हो जाये।

अरे दोस्त, करता है क्युं फिक्र कि
मौत के बाद जगह, कहां मिलेगी
जहां होगी महफिल, अपने यारों की
यविâनन तेरी, रूह वहीं मिलेगी।

होश का पानी छिड़को
मदहोशी की आँखों पर
अपनों से कभी न उलझो
गैरों की बातों पर।

यह जिन्दगी भी बड़ी, अजीब होती है
इसमें कभी जीत तो, कभी हार होती है
हौसला रखो, समन्दर की गहराई छूने का
किनारों पर तो बस, जिन्दगी की शुरूआत होती है।

जहां में आये हो तो जिन्दा दिल बनों, जिन्दगी इसी का नाम है
आज के दौर में जो नहीं रहे, सिर्फ उन्ही का नाम है
जहां में आये तो, कुछ कर गुजरो
मुर्दा सा दिल रखना, तो सिर्फ एक पहचान है।

जिन्दगी जीना हो तो, सपनों को जगाओं
सपने जरुरतों के, हिसाब से नहीं जीते
जिनके सपने ही, मर जाते हैं
वे तो चाहतों के हिसाब से भी नहीं जीते।

यह तो दिल है, इसमें हर किसी को पाने का अरमान नहीं होता
यहां हर कोई, दिल का मेहमान नहीं होता
प्यार में अगर कोई, इस दिल में बस जाये
खोकर भी उसे भूल जाना, आसान नहीं होता।

फंसता ही जा रहा है कांटों का दामन, हकीकत यहां छुपाते छुपाते
यहां लाखों बरबाद हो गये, दिल की दुनिया बसाते बसाते
दुनिया उजड़ जाती है यहां दिलबर से नजरें मिलाते मिलाते
जब पैदा होता है यहां नूर मोहब्बत का, दिल जलता है, दिल
का चिराग बूझाते बूझाते।

दर्गा यही है मेरे दिलदार की, प्यार के फूल यही चढ़ा लूं
यहीं पर मेरे प्यार की लौ मिलेगी, यहीं चिराग प्यार का जला लूं
आस प्यार की यहीं टूटी थी, अब उनकी याद में आँसू बहा लूं
खुदा का गर साथ मिला, अपने आप को यहीं दफना दूं।

इश्क वालों को जहां में मुकम्मल, आसरा नहीं मिलता

कभी यहा जमीन से, आसमान नहीं मिलता

जुबां तो दे दी है, खुदा ने हम को

किसे बयां करे, वह हमसफर नहीं मिलता।

चाहत में जिन्दगी, सिर्फ गुजरती ही जाये

अश्क वह जो उनकी याद में, बहते ही जाये

खुशी वह जो मेहबूब के, आते ही आ जाये

गम वो जो सिर्फ बीत जाये, साथी वो जो सदा साथ निभाये।

इश्क में हर चुनौतियों से, दो हाथ हमने ही किये

जालीमों की आंधियों में, जलाये हमने बूझते दिये

गर जरा सा भी साथ, मिल जाये तुम्हारा

यकीनन् तय कर लेंगे, वो फासले जो गैरों ने दिये।

आपके प्यार में गर मौत भी आ जाये, तो सुहानी होगी

वो जो अपनी मोहब्बत में, ही आनी होगी

आपसे ये वादा रहा, आपसे पहले मर जायेंगे हम

क्युंकि ऊपर जाके, आपके लिये जन्नत भी सजानी होगी।

चाहते हैं कि हमारी इक आह, जो आपके दिल को रुला दे

हमारी इक वाह, जो आपके दिल को बहला दे

इक राह हमारी, बिछड़ी मन्जिल से मिला दे

और हमारी याद हमेशा, हमारी कमी का अहसास दिला दे।

बैरी जहां में कौन उठायेगा, तेरी ये जफा मेरे बाद
कर लेना इस आशिक की वफा, मरने के बाद
मेरी कब्र पर सिर्फ, इतना सा लिख देना मेरे खुदा
कोई न करें वफा, किसी से, मेरे न रहने के बाद।

बेवफा के प्यार में जलते जख्मों का, जो दिल में उजाला है
बिछड़कर आपसे तो, ये बहुत बढ़ने वाला है
तेरे बेरहम जुल्मों से, जब भी ये दिल का शीशा टूटा है
देख हर टुकड़े में, सिर्फ तेरा मुखड़ा देखा है।

मोहब्बत में, कितना हसीन था वो भी समा
तुम तो रूठते गये, और मै तुम्हे मनाता रहा
दर्द तो मेरे सीने में था, और आँखें खुल गयी
जब दिल की चोटें उभर आयी, तो आँसूओं का दौर चलता रहा

कौन कहता है इश्क इतना, आसान होता है
यह तो एक लहु का, जाम होता है
मिलता कुछ नहीं इसमे बस, थोड़ी सी खुशी के लिये
हर आशिक इसमें सिर्फ, बदनाम होता है।

हमारी ये मोहब्बत को लोग, झूठा कहने लगे
हमारे बहते आँसूओं को पानी और, आँखों को पैमाना कहने लगे
जब दिखाई, हमने सूरत अपने इन जख्मों की
यही लोग हंसकर, हमे उनका दीवाना कहने लगे।

छलक गया जो पैमाना, वो फिर भरा नहीं जाता
इश्क में मरे हुए आशिक को, मारा नहीं जाता
खुदा से यही दुआ करो, किसी का दिल न टूटे
क्युंकि टूटा हुआ दिल, कभी जोड़ा नहीं जाता।

इस टूटे दिल से, दिल की बात क्युं कहूं
या जो इस दिल के काबिल थी, उनके लिये कुछ कहूं
शायद उनके लिये मैं काबिल न था, वो कुछ कहूं
या न था मैं काबिल या काबिल उसके लिये, कुछ कहूं।

उसी से प्यार करो जो प्यार करें पर, कहे न किसी से
मांगो उसी दिलबर से जो सब कुछ दे दे, खुशी से
अब तो चाहो उसी को जो मिला है, तकदीर से
जिन्दगी भी उसी पर लूटा दो, जो साथ निभाये खुशी से।

प्यार कहो या नफरत, जिन्दगी तो ढलती जाती है
वैसे ही जैसे रेत मुट्ठी से, निकलती जाती है
जख्म कितने भी खाओ पर, हंसते रहना ऐ दोस्त
क्युंकि जिन्दगी तो हर ठोकर से, संभलती जाती है।

बेगाने बन गये फिर भी, चाहत ने मेरी जीने को मजबूर कर
दिया
इस टूटे दिल के हर, जख्मों को नासूर कर दिया
इस टूटे हुए दिल को, बिना ही पहचाने
क्यूं खुद को हम से, दूर कर दिया।

इस दुनिया में हर कोई, दिलरूबा नहीं होता
साथ ही हर कोई, हमनुबा नहीं होता
जो लिखा था मुकद्दर में, वो टलता कैसे
प्यार में तेरे ठोकर न मिलती, तो संभलता कैसे।

पराये हो तो भी कहते है, हर कामयाबी में आपका नाम होगा
आपके हर कदम पर, दुनिया का प्यार भरा सलाम होगा
दुआ करते है, हर मुश्किल का हिम्मत से सामना करना
फिर देखो, यह वक्त भी तुम्हारा गुलाम होगा।

खुश-मिजाज लोगों का कोई मोल नहीं होता
प्यारभरे रिश्तों का कहीं, तोल नहीं होता
जमाने में इन्सान तो मिल जाते हैं, हर मोड़ पर
लेकिन आप जैसा, हर कोई अनमोल नहीं होता।

जिस्म में जब दिल टूटता है, तो कोई आवाज नहीं आती
लेकिन निगाहें, कभी सच नहीं छुपाती
आँसू ही आँखों को कहते हैं, आप क्यूं बार बार हो बुलाती
दिल तो तुम्हारा उन्हे याद करता है, फिर मुझे क्यूं हो सताती।

जिन्दगी में किसी को चाहत की, सजा मत देना
किसी को कभी प्यार में दगा, मत देना
जिन्हे आपके बिना, जीने की आदत नही
दगा देकर उन्हे कभी लम्बी उम्र की, दुआ मत देना।

नासमझी में ही सुलगती है, चिंगारी प्यार की दिल में

इसे दिल में जमाना आसां है, लेकिन इश्क की आग बूझाना मुश्किल

जब आता है जुदाई का आलम, इसमे बातों से तसल्ली क्या होगी

इश्क टूट जाये तो सिर्फ अंगुरी का जाम पी ले, अब चैन पाना है मुश्किल।

नाराज से क्युं बैठे हो, आओ करो अब दिल की बात

यारों की महफिल सजी है, भूल जाओ वो गम की रात

दिलों का हाल अब, बयां कर दिया हमने

और दिलों का रोना इस कलम ने, कागज पर लाकर धर दिया हमने।

जिन्दगी में हजारों ऐश के सागर, छलक उठे लेकिन

इस दिल की जख्मे तमन्ना, न भर सका कोई

खुदा भी उतर गया, समझाने जमीं पर

हमारे दिल का, मुरावा न भर सका कोई।

हमारे सामने न कोई मन्जिल न रास्ता, न है कोई मुकाम

दिलों की अब शमा जला दो, बहुत उदास है रात

जला दो अब आशियां हमारे, कि दिल तड़प उठे

संवार लो अब इस जिस्म को, नसीबों में सिर्फ लिखी है हयात

हमारा दिल भी कैसा बादल है, जिसका साया ही नहीं
हमारे इस प्यासे दिल की प्यास, कोई बूझाने आया ही नहीं
अब देख लो इससे बड़ी बेरूखी, क्या होगी
एक मुद्दत से उन्होने, हमारे दिल को सताया भी नहीं।

आपकी खातिर और आपके लिहाज से, मैं मान तो गया
क्यूं खायी झूठी कसम, अब आपका ईमान तो गया
मुद्दतों से दिल रखकर, आज कहते हो किसी काम का नहीं
आज तो सब उलटी हुई है शिकायतें, पर एहसान तो गया।

हर एक पल लूट लिया और, कर दिया पराया गिला किस से करें
गमों के साये में छूप गयी ऐसी, तेरा पता कैसे करें
दिल को दर्द तो दे दिया, जो अता थी तेरी अब गिला किस
से करें
गम तो तूने ही दिया है, अब शिकवा किस से करें।

किस तरह पाया था तुझे और, किस तरह खोया तुझे
मुझ सा बदनसीब आज कायल हो गया, नसीब का
न जाने किस आलम से बिछड़ी है, तू आज तेरे बगैर
अब भी सिलसिला टूटा नहीं है, तेरे दर्द की जंजीर का।

पता नहीं अब इस, दिल का दर्द कैसे जायेगा
गर रह गया जिन्दा तो, ये गम बहुत सतायेगा
गर जिन्दा देखना चाहते हो तो, ये उम्र भर खुमार चाहिए
आपका सिर्फ इकरार चाहिए और, प्यार का करार चाहिए।

ठोकरें खाकर समझ गये हैं, अब तेरी आँखों का इशारा
सब को दिखाऊं ये दाग दिल के, यह हमे नहीं है गंवारा
कहीं आपका भेद न खुल जाये, मेरी दिल की दास्तां से
छुपाऊं अब कैसे, तेरे इस प्यार को जहां से।

ठुकराकर हमें हर तरफ आप, अपने को बिखरा पाओगे
इस दिल के आइने को, तोड़कर पछताओगे
जब खिलेंगे हमारी आशिकी के, फूल यहां
हमारी की हुई नेकियों पर, आप खुद पछताओगे।

आपकी नजरों से तो दूर है, दिलों से दूर न करना
मुद्दतों से देखा है हम जैसे है, वैसे ही कबूल करना
चाहें हमारे इस दिल में, लाखों बुराईयां सही
इन्ही बुराईयों के बहाने, हमें याद जरूर करना।

जिन्दगी हसीन जीनी हो तो, नेकियां करके उसे
दरिया में डाल दो अभी
यहीं तूफान में कश्तियां बनकर
आपका साथ देगी कभी।

प्यार की डगर में गुजर जाते हैं, खूबसूरत लम्हें
यं ही मुसाफिरों की तरह
प्यार में गुजरी यादें रह जाती है
रूके हुए रास्तों की तरह।

सिंगार देखा न दुल्हन जैसा
दर्द देखा न कभी, विरहन जैसा
देखने को तो बहुत कुछ है देखा
साथी देखा न कभी, कफन जैसा।

आपके नाम से बदनाम करके, ये दुनिया हमे सतायेगी
अब तो आपके बिना, यह मौत भी न आयेगी
कैसे आपने कह दिया, हमारे प्यार को युं मिटा देना
दिल के इस दर्द की, अब तुम ही दवा देना।

जरजरे आते हैं गुजर जाते हैं, प्यार के हादसे भी गुजर जाते हैं
गम की रातें भी गुजर जाती हैं, प्यार के जख्म भी भर जाते हैं
कभी कोई गम नहीं मनाता, जो पैदा होते ही मर जाते हैं
सिर्फ याद रह जाती है, डसने के लिये, दिन आते हैं गुजर
जाते हैं।

गम मै तो दिखाता हूँ, जमाने के लिये
मेरे कुछ शेर लिखता हूँ, सुनाने के लिये
दिल के मेरे दर्द आप, युं ही न मिटा दो
कुछ तो हमारे दर्द है, आपके कलेजे के लिये।

दुनिया के सामने अच्छा हुआ, मेरी दीवानगी काम आयी
वर्ना हम दुनिया को, समझाने कहां जाते
अगर मेरा मुक़द्दर, गम से बेगाना न होता
तो कौन अपने और पराये, पहचाने कहां जाते।

अपनी इस मोहब्बत का, अब कोई शिकवा नहीं गिला नही
न तो किसी से शिकायत है, और मै रुसवा भी नही
अब मै क्या कहूं, मेरे इस दिल का सुकुन हो तुम
मुझे चाहे अंधेरे में रख दो, क्युंकि मेरी आँखों का नूर हो तुम।

दिल हो या आइना या जाम, जो टूट गया सो टूट गया
दिल तो अश्कों से जुड़ता है, जो टूट गया सो टूट गया
क्युं तुम इन टुकड़ों को चुनकर, दामन में छुपाये बैठे है
ये दिल या शीशों का खुदा कोई नही, क्या आस लगाये बैठे है।

टूटते हुए ये दिलों पर छाती है, गमों की घटायें
उनकी नजर भी क्या नजर है, वो समझ न पाये इशारा
क्या फर्क है मेरे दिल में और, गैरों के दिल में
उनके हो गये थे हम, पर वो न हो सका हमारा।

चाहते हैं आपको ये रंजिश की बातें, अब तो भुला दे
सिर्फ मोहब्बत कर हम से खुश रहो, और मुस्कुरा दे
जवां तो दोनो है, हम सब कुछ भुला दे
रब ने दी इस दुनिया को, आ अब जन्नत बना दे।

कौन कहता है कोई मरता नही, पर दिल ही मरता है प्यार में
खुदा से दरख्वास्त है, किसी को किसी से जुदा न करे
सुना है मोहब्बत की रानी, उसे ही दुआयें देती है
जो दिल पर चोट तो खायें, पर किसी से गिला न करें।

क्युं आप हर बात में, दीवाना बना देते हैं
क्युं करें आप पर भरोसा, आप हमेशा दगा देते हैं
क्यूं आप होंठों पर रखते हो, मुस्कुराहट सर झुकाये बैठे हैं
फिर भी क्या कहें आपही तो है, जो हमारा दिल चुराये बैठे हैं।

मोहब्बत इसे नहीं कहते, दिखाकर मुंह छुपा लेना
मतलबी दुनिया से डरकर, कांटों से दामन छुड़ा लेना
उठा लो प्यार के दुपट्टे को जमीं से कहीं, दाग न लग जाये
पर्दे में रख जलवे को, कहीं दुनिया में आग न लग जाये।

मेरे दिल को जो दर्द मिला, दिलरूबा सा मिला
खुशनसीब है जो तुम्हारा प्यार मिला, पर तुमको क्या मिला
मुझ को तेरी तलाश में थी, अपनी जुस्तजु
भटके ऐसे, न तेरी खबर हो पाई, न अपना पता मिला।

खामोशियों को मेरी, तुम मेरा गम न समझे
बहुत भोले हो, इसे अंदाज से मातम न समझे
कभी सोचो, क्युं गलतफहमियों में है जवानी गुजरी
कभी इसे तुम न समझे, और कभी हम न समझे।

जुदा होते हैं हम तुम से, ये झूठे वादे न करा करो
देखना मर जायेंगे तड़प कर, तुम्हारी बला से हम
यूं भी तड़प-तड़प कर गुजारी है, तमाम रातें हमने
सुबह हुई तो सितारों का साथ, छोड़ देंगे हम।

हमने सोचा था, आपने पूछा था बहुत, खुद न समझे हाले
दिल सुनाये कैसे
आपको पाने की चाहत थी, कैसे खो दिया अब आपको पाये
कैसे
इसका गम है आप न मिले, कैसे बिछड़े ये समझाये कैसे
आप यह भी कहते थे, आप साये की तरह है, आज आपसे
मिले तो मिले कैसे।

नासमझी थी हमें तड़प रहे है, हम आज आपके प्यार को
तड़प रहे हैं दिल थामकर, आज आपके दीदार को
अब सिर्फ अश्क बहायेंगे, याद करके अपने जुर्म को
क्युं लगाया था दिल, हमने इस मगरूर के प्यार को।

इस जहां में न कोई, मंदिर रहा न दर्गा
जहां न मांगी हो, उनकी खुशी की मन्नत हमने
न जाने क्या अजीब कशीश थी, भोली सूरत में उनकी
जिनको पाने के लिये, ठुकरा दी जन्नत हमने।

उनकी शादी की, शहनाइयां सुनकर
कुछ पुराने जख्म, दिल के हरे हो गये
जब याद आये बीते दिन, इस दीवाने को
जख्म दिल के और, भी गहरे हो गये।

बहारें इश्क में, जब कदम रखा
तो दोस्ती हमने फूलों से कर ली
छोड़ा साथ जब फूलों न मेरा
तो जिन्दगी बाकी कांटों से भर ली।

होकर मायूस न युं शाम की तरह, ढलते रहिये
जिन्दगी एक भोर है, सूरज की तरह, निकलते रहिये
ठहरोगे एक पांव पर तो, थक जाओगे
धीरे धीरे ही सही मगर, लक्ष्य की तरफ चलते रहिये।

महफिल में कुछ तो, सुनाना पड़ता है
गम छुपाने के लिये, मुस्कुराना पड़ता है
कभी उनके भी थे, हम हमसफर
आजकल उन्हे याद, दिलाना पड़ता है।

दिल तो करता है की छोड़ जाऊं
ये दुनिया हमेशा के लिये
फिर ये ख्याल भी आता है कि
वो नफरत किस से करेंगे, मेरे चले जाने के बाद।

भूलना चाहो तो, याद हमारी आयेगी
दिल की गहराई में हमारी तस्वीर बन जायेगी
ढूंढने चले हो दोस्त, हम से बेहतर
तलाश हम से होकर, हम पर खत्म हो जायेगी।

फुर्सत नहीं है इन्सान को, इन्सान से मिलने की
ख्वाहिश रखता है, ऊपर वाले से मिलने की
फरेबी दरिया ने झरने से कहा, क्या तुझे समन्दर नहीं बनना
मतलबी झरने ने कहा, मुझे बड़ा बनकर खारा नहीं बनना।

आँसू जता देते हैं, दर्द कैसा है

बेरूखी बता देती है, हमदर्द कैसा है

घमंड बता देता है, पैसा कितना है

संस्कार बता देते है, परिवार कैसा है।

खुदा ने इन्सान बनाया, और वो मुद्रा गिनता रहा

कल क्या था और आज कहां से कहां पहुंच गया

और खुदा ऊपर बैठा उसकी, सांसे गिनता रहा

कहां इतनी थी, अब थोड़ी ही रह गयी

इस दुनिया के चैन बसेरे में, न जाने कितने पल रहना है

जीत ले अब तो सबके दिलों को, यही जीवन का गहना है।

हर प्यार करने वाले के पास, छोटा सा दिल होता है

उसी को चाहने वाले का, अति विश्वास होता है

और प्रेमी चाहे भी, कितना आम हो

पर माशुका के लिये वो ही, खास होता है।

जिन्दगी भर इंतजार कर लेंगे, आपका

चाहे तुम हम को, मिलो न मिलो

और आपका न मिलने का गम भी नही

सिर्फ तुम पास से गुजर जाओ,

वो भी मिलने से कम नही।

न शिकवा करते हैं,
न शिकायत करते हैं
उनका यही अंजाम होता है,
जो मोहब्बत करते हैं।

चेहरा बता देता है, गंभीर कैसा है
आँखें बता देती हैं, प्यार कैसा है
बोली बता देती है, इंसान कैसा है
बहस बता देती है, ज्ञान कैसा है।

वो बिछड़े इस अदा से
कि रूत ही बदल गयी
मेरे इक शख्स ने सारे शहर को
विरान कर दिया।

न पूछो कि मन्जिल कहां है
अभी तो सफर का इरादा किया है
न हारूंगा हौसला उम्र भर
मैने किसी से नहीं, खुद से वादा किया है।

नफरत बढ़ाने की हम जसारत नहीं करते
हम अपने रियासत से, बगावत नहीं करते
रखते है बड़े प्यार से, हर घाव पर मरहम
हम कौनसे जख्म की, तिजारत नहीं करते।

गैर को नशीमन से, भला क्या मतलब

होगा अपना ही कोई, आग लगाने वाला

न जाने क्युं मैं, उसे अपना हमसफर समझता हूँ

फिर भी कदम-कदम पर, फरेब करता है मुझ को, मेरा चाहने वाला।

प्यार की कश्ती में बैठे तो, साहिल बदल गये

कभी कश्ती बदली, तो कभी किनारे बदल गये

कातिलों को पकड़ा तो, खंजर बदल गये

खंजरों को पकड़ा तो, कातिल बदल गये

हम जिनको चाहते थे, वो आशिक बदल गये

हमने आशिक बदला तो, नजारे बदल गये।

क्या काम आयेंगे वो महल, जहां तुम्हारा प्यार न पा सके

इससे तो छोटी झोपड़ी अच्छी, जहां दिल से तुझे भुला न सके

बेकार है ये आँखें मेरी, जो दीदार न कर सके तेरा

इस दिल का क्या करे, जो गीत तेरा गा न सके।

दिल तो दे दिया है, उनको देखे वो क्या करेंगे

रखते है इस दिल को दिल में, या बरबाद करेंगे

ऐ शमा तुझ से सिफारीश है, कि रूख भी इधर करे कोई

दिल में दर्द है तो दवा करे कोई, जहां जिन्दगी है खोई।

तेरी गली को समझता हूँ, कि मेरे दिल की दवा हो रही है
चल चुके है जहां अब जनाजे, मोहब्बत अदा हो रही है
भुलाना लाख चाहा दिल ने मगर, न बाज आये दिल वाले
दिखते थे भोले से, मगर दगा देते है हुस्न वाले।

इन्सान कहता है कि पैसा आये तो,
मै कुछ करके बता दूं
और पैसा कहता है, तू कुछ करके तो दिखा,
तो मै आऊं।

ठोकर बता देती है, ध्यान कैसा है
और वक्त बता देता है, रिश्ता कैसा है
नजरें बता देती है, सूरत कैसी है
स्पर्श बता देता है, नीयत कैसी है।

यह जो हसीन से माशुक
दिलों में आग और होंठों पर, गुलाब रखते हैं
बड़े मतलबी से है ये, हसीन
ये सिर्फ दोहरा, नकाब रखते हैं।

यह हसीनों की अदा पर, मर मिटे हैं
न जाने कितने दीवाने, क्युंकि
चोट जिसको लगी नही, वह दर्द किसी का क्या जाने
शमा को यह मालूम नही, उसमें जलते है कितने परवाने।

कभी खुशबू की तरह, हम कभी भंवरों की तरह उड़ते हैं
कभी बादलों की तरह, पर्वतों पर उड़ते हैं
यह मजबूरियां हमें, खाक उड़ने से रोकेगी
हम अपने परों से नहीं, हौसलों से उड़ते हैं।

यह हुस्न की कशीश थी या
हसरतें दीदार
वो आँख भी पूरी खुल गयी
जो अब तक थी बेकार।

वो इश्क को हमारे, कभी गंवारा नहीं करते
फिर भी मरते है उनपे, तमन्ना नहीं करते
उनकी है शिकायत, हम बाकी क्युं रहे
फिर भी सुन लेते हैं, वो जिक्र हमारा नहीं करते।

मेरी हालत में देख जालीम, मेरी फितरत पर न जा
इन्तदायें दर्द में भी, मुस्कुरा सकता हूँ मै
यार मुझ से जब छीन जाये, जब बहारें जिन्दगी की
तुझ को फिर भी दीवाना, बना सकता हूँ मै।

गम के आँसू कौन संभाले, गम तो गम ही होता है
जिस दिन से बिछड़े है साजन, दिल सीने में रोता है
क्यूं वो जिन्दगी से रूठ के निकला, छाई उदासी हर तरफ
साजन पे्रम की इस धरती पर, मेरा जर्रा जर्रा रोता है।

साकिया वो मय पिला, न होश रहे न हम
ऐसी पिला दे साकिया, न होश रहे न गम
यार को तो ऐसी पिलाई, पीके मत वाला हुआ
अब तो गम का प्याला पिला दे, न होश रहे न हम।

दांव पर लगाकर मोहब्बत, वो उड़ गयी जमाने से
अब तो बू नफरत की आती है, हर एक फसाने से
हुआ क्या हाल हमारा, मत पूछ वफा के रूठ जाने से
कि दम इन्सानियत का तोड़ डाला, सौ बहाने से।

करेगी राज ये पतझड़, बहारों पर ये फिजा कब तक
रहेगी बंद ये मासूल कलियों की, जुबां कब तक
रहेगा सीने में खोया हुआ ये दर्द, दिल में कब तक
यूं ही सुनते रहेंगे आँसूओं की, दास्ता कब तक।

कुछ ऐसे ही सुलग जाती है, चिंगारी मोहब्बत की दिल में
जम जाना इसमे आसां है, पर यह आग बूझाना मुश्किल है
जो दर्द जुदाई से तड़पे, तो सिर्फ बातों से तसल्ली क्या होगी
जब तक न अंगुरी का जाम पिये, ये चैन पाना मुश्किल है।

यह नजारे न होते, गर गगन में चान्द तारे न होते
सागर की लहरें भटकती रहती, अगर किनारे न होते
आदमी तो मजनू ही बना रहता, हर दम
अगर आपस में, एक दूसरे के सहारे न होते।

मोहब्बत की बातें वो, सुनाते सुनाते

वो खुद सो गये हमे, जगाते जगाते

इसी बात का गम रहा हमें, उम्र भर

रुलाकर वो चले गये हमें, हंसाते हंसाते।

होती है तड़प हर दिल की अलग, हर इक की प्यास अलग है

पर नजरों से जाम पिलाने का, सबका दस्तूर एक ही है

मंदिर कहो या मस्जिद, बुतखाना कहो या काबा

सच पूछो तो, मोहब्बत की हर जगह, जहुर एक ही है।

गमें जहां से भी आगे, गमें दौरो से भी आगे

इक ऐसा गम भी है, अल्फाज में, जो आ नहीं सकता

नहीं मुमकिन में इसे, इश्के जनैव पहनाऊं

समझ सकता हूँ, मै इसको मगर, समझा नहीं सकता।

अब किसकी थी उस वक्त खता, याद नहीं

किस तरह से हम जुदा हुए ये भी, याद नहीं

ये याद वो गुफ्तगु की तल्खी, लेकिन

आजाद वो गुफ्तगु थी क्या, ये भी याद नहीं।

ऐसे भी कभी दिन आते हैं, ऐसी ही रातें होती हैं

दुनिया को भुलाकर जब दिल में, सिर्फ मेहबूब की बातें होती है

जुदाई की जब आग लगती है, दिल चुपके चुपके रोता है

ऐसा भी समा आता है, जब सिर्फ सुखी बरसातें होती है।

दुनिया है दीवानी इश्क में, मुझे भी तेरा दीवाना कहते है
जो इश्क की आग में जल जाये, उसे लोग परवाना कहते है
तेर मैखाने में ऐ साकी, इक नशा प्यार का मिलता है
यही वो जहां है, जहां हर बात भूल जाती है
किसे अपना और किसे बेगाना कहते है।

तेरी एक निगाह में है, सौ मस्ती
इसीलिये ये दुनिया वाले, ये जानेमन तेरी इस चौखट को
प्यार का आस्ताना कहते है, और
मुझे तेरा दीवाना कहते है।

फिर जलवा दिखा अपना, ये आँखें हैं तरसती
मेरे होंठों पर है सिर्फ तेरा नाम, दिल तुझ को ही पुकारे
सुकुन सा मिल जाता है, बेताब इस दिल को
चलती है तेरी याद में, मेरे हर सांस के धारे।

न देखा दिन आशिक ने, न रात देखी है
न देखी धूप की तलखी, न ही बरसात देखी है
इशारा पाकर खिदमत का, तेरे कदमों में आ पहुंचा
तेरे इस दीवाने ने, तुझ में अजब सी बात देखी है।

गलत वह नहीं थे
जिन्होने धोखा दिया
गलत मै ही था
जिसने मौका दिया।

नहीं पता कौनसी बात आखरी हो
न जाने कौनसी मुलाकात आखरी हो
याद करके सोते हैं, इसीलिये रात को
न जाने जिन्दगी में कौनसी रात, आखरी हो।

जिन्दगी में कीमत दोनो को
चुकानी पड़ती है
बोलने की भी और
चूप रहने की भी।

आपने तो यह कहकर टाल दिया, प्यार में उजाला भरेंगे हम
आपने तो सभी चिराग, दिलों के बूझा दिये
आपके साथ जीने की आरजू तो थी, अब मरना पड़ेगा
अब तो अश्कों से ही अपने जख्म, भरना पड़ेगा।

बेवफा सुकुन लूटने वाले, तो चाहते यही है
कहीं सुकुन न मिले, हम से गम के मारों को
चमन यूं ही उदास रहे, इनके ख्वाबों का
यूं ही तरसते रहे, ये हंसी बहारों को।

उदासी में मुस्कुराने का यह हुनर
हमने मुफ्त में नहीं सीखा जनाब
इसके बदले में हमने जिन्दगी की
हर खुशी तबाह कर दी।

यह निगाहें अगर, आपको देखना चाहे तो, इसमे आँखों का
क्या कसूर
हर पल याद तुम्हारी आये, तो सांसों का क्या कसूर
वैसे ख्वाब तो तुम्हारे पूछ कर, नहीं आते
अगर ख्वाब तुम्हारे ही आये, तो हमारा क्या कसूर।

जरा होले होले चल ए जिन्दगी, कई कर्ज चुकाना बाकी है
दिल के दर्द चुकाने बाकी हैं, और फर्ज चुकाना बाकी है
जिन्दगी की रफ्तार में चलने से, कुछ रूठ गये कुछ छूट गये
अपने रूठों को मनाना बाकी है, रूठों को हंसाना बाकी है।

यहा इक अजीब सा, मंजर नजर आता है
हर हसीन आँखों में आँसूओं का, समन्दर नजर आता है
सोचता हूँ कहां रखू, यह शीशे सा दिल अपना
यहां हर हसीना के साथ, हमे खंजर नजर आता है।

यह इम्तिहान देने वाली उम्र, जब से पूरी हुई है
उसी दिन से, इस जिन्दगी की इम्तिहान शुरू हुई है
आज मुझे नया अनुभव हुआ है
आज अपने ही दिल ने, अपने ही दर्द की दास्तां दी है।

रोने से तो आँसू भी, पराये हो जाते हैं
मुस्कुराने से तो, पराये भी अपने हो जाते हैं
इन्सानियत तो दिल में होती है, हैसियत में नही
खुदा भी करम देखता है, वसियत नहीं।

मकड़ी भी नहीं फंसती अपने बनाये, जालों मे
कितना इन्सां उलझा है अपने बुने, खयालों मे
तुम नीचे गिरकर देख लो, कोई नहीं आयेगा उठाने
तुम जरा उड़कर तो देखो, सब आयेंगे गिराने।

चाहत की कोई उम्र नहीं होती
उम्र बीत जाये
लेकिन मोहब्बत कभी
कम नहीं होती।

दी थी मोहब्बत की कसम, ऐ बेरहम
इसमें दुनिया के सारे, गम हम छुपा बैठे
तेरी दी कसम को निभाते निभाते
आज हम अपनी जान, गंवा बैठे।

बेवफाई में ऐ सनम, इतना तो याद किया होता
इक पत्र तो मोहब्बत भरा, रख दिया होता
हम तो यहां कैसे जीते हैं, तन्हा तुम्हारी यादों के सहारे
आकर देख हमारी हालत, गले लगा लिया होता।

मेरी यह बदनसीबी थी
मुझे तेरी मोहब्बत न मिली
कभी वक्त चुपचाप गुजर गया
कभी तुम्हे हमारे प्यार के लिये, फुर्सत न मिली।

मेरी सब तमन्नाओं में दोस्तों, मेरी तकदीर ने आग लगाई
मेरे और उनके मिलन के बीच, मेरी बदनसीबी चली आयी
क्या देगी मेरा साथ ये जिन्दगी, जब मुक़द्दर मौत बन जाये
यहा वफा की न चले पेश कोई, जब जफा सौत बन जाये।

तुझ को बहका दिया किसी ने हाय, यह क्या कर दिया किसी ने
अब यह फिरते हैं अलग हम से, लगा दिया कुछ किसी ने
क्या गुजरती थी हमारी, अब, बेगाना किया किसी ने
हमने तो देखा है सितम तेरा, पर अब सुना किसी ने।

वक्त की बुरी आंधी में, कुछ रिश्ते बनकर टूट गये
नफरतों के बादल हटे भी थे, फिर भी जुड़ते-जुड़ते छूट गये
कहने की कुछ बातें, कुछ हसरतें अभी अधूरी हैं
इस जीवन की उलझ पहेली की, यही मजबूरी है।

भले ही चान्द, अपनी चान्दनी छोड़ दे
भले ही सूरज, अपनी रोशनी छोड़ दे
हम तो सदा रहेंगे, तुम्हारे
चाहे यह जमाना, हमें सदा के लिये छोड़ दे।

खामोश चेहरों पर, हजार पहरे होते हैं
हंसती हुई आँखों में, जख्म गहरे होते हैं
जिनसे अक्सर रूठ जाते हैं, हम
असल में उनसे ही, रिश्ते गहरे होते हैं।

आपको अपनी पलकें झुकाकर, सलाम करते हैं
हमारे हर दिल की दुआ, आपके नाम करते हैं
हम अगर आपको कबूल है, तो मुस्करा देना
हमारा यह प्यारा सा दिल, आपके नाम करते हैं।

हां जुबान, मेरी कड़वी ही सही
मगर यह दिल अपना, आपके लिये साफ रखता हूँ
यहां पर कौन कब कहां, कैसे बदलेगा
इन सब का भी, हिसाब रखता हूँ।

कर ले भरोसा खुदा पर
उसने जो लिखा तकदीर में, वो ही पाओगे
गर भरोसा आपको, खुद पर हो तो
खुदा भी यह लिखेगा, जो आप चाहोगे।

जिन्दगी के मोड़ पर, एक ऐसा मुकाम आया
जख्म तो खाया था दिल ने, जुबां पर नजर आया
न रोये थे हम कभी, कांटों की चूभन से
न जाने आज क्युं फूलों की महक से रोना आया।

ठोकर आपसे मिली तो सोचा, किस कदर आपको भूल जायेंगे
कभी मिल भी गये राह पर, आपको अनदेखा कर जायेंगे
पर जब राह में सामने आया, आपका चेहरा
सोचा, इस बार देख लेंगे, अगली बार भूल जायेंगे।

कभी टूटा नहीं
मेरे दिल से, तेरी यादों का रिश्ता
गुफ्तगु किसी से भी हो
खयाल तेरा ही रहता है।

हम से आपको गर, वास्ता ही नहीं रखना
आप फिर भी, क्युं मुझ पर नजर रखते हो
आज मै, किस हालात में जिंदा हूँ
तुम क्युं ये खबर रखते हो।

क्या दे पायेंगे, यह आपको आइनें
आपके हुस्ने रूबानियत की, खबर
दिल से हमारे, कभी आकर तो पूछो
कि कितने लाजवाब हो तुम।

हजारों मुद्दतें हो गयी ढूंढते
इक शख्स ऐसा भी मिले
बाहर से जो दिखाता है
काश, अंदर भी वैसा ही मिले।

आपकी यादों को, कभी मैने भुलाया नही
याद आपको हर पल किया, पर याद आपको आया नही
आपका यह प्यारा सा हुस्न, मैला न हो
हाथ आपको कभी हमने, लगाया नही।

यार ने मेरे आँसू पीकर, हंसाया है मुझे
मेरी हर गलती पर भी, सीने से लगाया है मुझे
कैसे प्यार न हो मुझे, ऐसे यार से
उसकी दोस्ती ने जीना, सिखाया है मुझे।

प्यार नाराज है, कि हम कुछ लिखते ही नही
कहां से लाऊं वो लफ्ज, जो आज मिलते ही नही
ये दर्द की जुबां होती तो, आपको बता देते
वो जख्म कैसे बतायें, जो आपको दिखते ही नही।

अरे बेवफा कभी तो अहसास कर, अपने सितम का
दिल तो निकाल दिया, इक बूत बना दिया, इस जिस्म का
यह दीवाना दुआ देता है फिर भी, तू जहां रहे खुश रहे
साया भी मिले न तुझे, कभी किसी गम का।

सच्चों को ही सच्चों की, पहचान होती है
इक दूसरों में सही इन्सानों की, जान होती है
गर मिल जाये सभी को, इस जमाने में ऐसी जिन्दगी
अगर गुलों में महक न हो तो, बगियां विरान होती हैं।

आज मेरी ये हालत देख कर, तुम भी अश्क बहाओगे
गर मिला न सको नजर, अपना चेहरा आंचल से छिपाओगे
हमारी इस वफा को देख कर, इक दिन
अपने आपको, आप खुद ही बेवफा बतलाओगे।

लाखों ठोकरें मारो ही भले, आपसे वफा ही करेंगे
ज़िन्दगानी भी हमारी, सिर्फ तुम पर फना करेंगे
गर कत्ल कर भी दिया, तुमने इस दिल का
हर कतरे से इस दिल की, आपकी दुआ करेंगे।

दुआ करते है, मेरी हर खुशी मिले तुझ को
चाहे बदले में हमे गम ही गम नसीब हो
तुम भले ही न बन सको हमारे
बस सिर्फ तेरी यादें हमारे करीब हो।

माना तुम जीते हो, जमाने के लिये
एक बार जी कर देख लो, इस दीवाने के लिये
यकीं मानो तुम्हारे आगे, इस दिल की क्या औकात
हम तो जान भी दे देंगे, तुम्हे पाने के लिये।

आज तक कोई ऐसा न मिला, जिस पर दिल लूटा देते
सभी ने धोखा ही दिया, किसे हम भुला देते
आज तक जितना दर्द था, इस दिल में समा रखा
बयां अगर करते तो, महफिल को रुला देते।

खामियां कुछ भी नही, हम में कि
तुम्हे याद न आयेंगे
यकीन तो इतना है हमें हम पर
तुम हमें कितना भी भुलाओ, पर भूल न पायेंगे।

पता नहीं क्युं प्यार के सपनों में, हम खोते गये

हर पल तो होश में थे, मदहोश होते गये

न जाने क्या पाया, उनके चेहरे में

अपने आप को बहुत रोका, फिर भी उनके होते गये।

इश्क तो वफा है, यह दरिया कभी रूकता नही

पर हां, प्यार में प्रेमी, कभी झूकता नही

खामोश तो है हम, आपकी खुशियों के लिये

पर ये न सोचो, हमारा दिल कभी दुखता नही।

मोहब्बत कितनी है तुम से

पर कोई सफाई नहीं देंगे

रहेंगे साये की तरह, तेरे साथ

पर तुझे, दिखाई नहीं देंगे।

कितना जबरदस्त सा है

यह प्यार का खेल, सभी खेलों में

इसमें जो भी हारा, फिर न खेला

लेकिन इसमें जो जीता, उसने भी तौबा कर ली।

हम तो यह दिल की दीवार पर, फरियाद लिखा करते हैं

हर तन्हाई को निशांत में, आबाद किया करते हैं

मेरे ए खुदा सिर्फ, उन्हे खुश रखना

जिन्हे हम तुम्हारे बाद, सब से ज्यादा याद किया करते हैं।

न जाने कोई नहीं निकलता, दिल में बस जाने के बाद
दिलों में दर्द कितना होता है, कोई बिछड़ जाने के बाद
प्यार में कभी कद्र नहीं होती, पास रहने के बाद
कमी तो महसूस होती है, दूर जाने के बाद।

टूटे हुए दिल में सांसे थम सी जाती है, पर जान नहीं जाती
सीने से दर्द तो उठते हैं, मगर आवाज नहीं आती
पता नहीं क्युं अजीब से लोग है, इस दुनिया के
हम उन्हे भूल नहीं पाते और, उन्हे हमारी याद नहीं आती।

जिन्दगी जीना हो तो भरोसा अपने आप पर रखो, ताकत बन जायेगी
गर यही भरोसा गैरों पर रखोगे, तो कमजोरी बन जायेगी
आप कब और कहां सही थे, कोई याद न करेगा
बस आपकी खामियों का पिटारा ही, जमाना याद करेगा।

जमाने में सुख भी है, परेशानियां भी बहुत है
यहां तो लाभ भी बहुत है, हानियां भी बहुत है
क्या हुआ जो मेहबूब ने, कुछ गम दे दिये
याद रखना उनकी दी हुई आप पर, मेहरबानियां भी बहुत है।

याद रखना कभी मांगी खुशियों से, किसका भला होता है
जो तेरी तकदीर में होगा, सिर्फ वो ही अदा होता है
न चाहने से कभी भी, किसी का क्या बुरा होता है
मिलेगा तो वो ही जो, तुमने बोया होता है।

कभी भी झरनों से, मधुर संगीत पैदा न होता
गर राहों में, कोई पत्थर न होता
तुम्हारे घमंड से ही खत्म हो जाते हैं, रिश्ते
कसूर हर वक्त, गल्तियों का नहीं होता।

मौत पर मेरी गिनाये गये, सारे ऐब
यहां सभी लोगों ने जो थे मुझ में
जन्नत में आकर सोचता हूँ
जब इनसे मिला था, तब कौनसा हुनर था मुझ में।

जिन्दगी से बस, यह ही गिला है
खुशी के बाद, हमेशा गम ही मिला है
हमने तो की थी, वफा तुम से जी भर के
पर यह नहीं जानते थे, कि वफा के बदले बेवफाई ही सिला है।

मुद्दत से कोई, मनाने नहीं आया
ये जलती हुई आँखों को, बूझाने नहीं आया
जो कहता था उम्र भर, रहेंगे साथ तेरे
अब रूठे रूठे हुए है, कोई मनाने नहीं आया।

आग से सीख लिया, हमने यह सबक
बूझ भी जाना, पर देर तक सुलगते रहना
जाने किस उम्र में जायेगी, ये आदत हमारी
रूठना उनसे और, औरों से उलझते रहना।

नफरतों से भरी, इस दुनिया में कोई तो है
जो मेरी रजामंदी की, फिक्र करता है
खुदा उनकी हर तमन्ना, पूरी करे जो
अपनी दुनिया में, मेरा भी जिक्र करता है।

कहने लगी है अब तो मेरी तन्हाई
अभी मुझ से
अब तो कर लो मोहब्बत मुझ से
मुझ में नहीं है कोई बेवफाई।

दर्द चाहिए दिल में, औरत हो या मर्द
बिना दर्द मिलता नही, कहीं कभी हमदर्द
कौन पढ़े दीवार पर, लिखी इबादत आज
वहां इबादत थी कभी, जहां इमारत है आज।

जिन्दगी बीताने के लिये, तेरी याद ही काफी है
अरमान पूरे हो न हो, सिर्फ फरियाद ही बाकी है
क्या पता ये मोहब्बत की दुनिया, फिर बसे न बसे
अब न करना इसे आबाद, दिल ए बर्बाद ही काफी है।

मेरा होने में क्या है रुसवाई
यह वो मजलिस है नही, खलबत ही सही
हम वो दुश्मन नहीं है, आपके
गैरों से तुझ को, मोहब्बत ही सही।

उजड़े दिल को, अब बसायेगा कौन
सिवा मौत के, मुझे अपनायेगा कौन
जो रोकते थे हमे मरने से, वो भी चले गये
इस दीवाने को, अब मौत से बचायेगा कौन।

आयी दुखभरी, रात ऐ सनम
तेरी बारात पर लगी, पटाखों की बारात ए सनम
याद आया करेगी, तुम्हे इस दीवाने की
जब मिलेगी तुझे, सौगात ए सनम।

इधर उधर की बातों में न आ, डूबो देगी तुझे आखिर
तू युं ही बोझ और का न उठा, सर पर बन्दे
जमाया जिसने है कब्जा, वो एक दिन छोड़ जाना है
तू है मेहमान दो दिन का, यहां तेरा क्या है बन्दे।

पुरानी तेरी यादों को, सीने से लगाकर रोया
खुद के ही ख्वाबों में, तुम्हे पास बुलाकर रोया
हजारों बार पुकारा, तुम्हे तन्हाइयों में
हर बार तुम्हे, पास न पाकर रोया।

जब किसी का दर्द, हद से गुजर जाता है
तो सारे समन्दर का पानी, आँखों में उतर आता है
कोई बना तो लेता है, रेत में आशियाना अपना
किसी का लहरों में, सब कुछ बिखर जाता है।

एक प्यारी सी दुआ
जिन सितमों से आप गुजर कर, बाहर निकल आये
वह हिम्मत आपकी खत्म न हो,
एक और छोटी सी दुआ
आज उभरकर आप, जिन लम्हों में हंसते हो
लम्हें वो हंसी के कभी, खत्म न हो।

मजबूरियां हमारे साथ, जमाने से बहुत थी
तुम पर कामयाबी पाने की, ख्वाहिश भी बहुत थी
प्यार करने का हुनर, मै कहां से लाता
और तुम्हारी तरह दूसरों को रौंदने का, हुनर कहां से लाता।

दिल तो हमारा टूटा था, इसमें किसका क्या जाता
राह चलते गिरता तो, खुद ही उठ जाता
आ जा अब तो मेरा सब उजड़ गया, तेरा क्या जायेगा
जिस मोहब्बत से गिरा हूँ, अब तो खुदा ही उठायेगा।

इन बूझते हुए चिरागों पर, कौन मेहरबान है
लफ्जों की इस महफिल में, तो घायल जुबान है
यहां दिलजलों की महफिल में
कोई तन्हाई से तो, कोई महफिल से परेशान है।

रात को हमारे दिल ने हम से कहा, तुम किस्मत के मारे हो
या पुरानी यादों को याद करके, तुम यादों के मारे हो
क्या हार गये सब कुछ, क्या तकदीर बदल गयी
क्युं जागते हो रातभर, या मोहब्बत के हारे हो।

बेवफा से ही रोयेगी ये आँखें, मुस्कुराने के बाद
फिर आयेगी काली रात दर्द दिन, ढल जाने के बाद
याद रखना कभी इतना, न दूर जाना हम से
शायद ये जिन्दगी न बचे, तेरे बिछड़ जाने के बाद।

छोड़कर सब कुछ, कितनी गहरी दोस्ती रखते है हम आपसे
इस बात का काश, आपको जरा अहसास हो जाये
क्या पता कब आप, होश में आये
और डरते है कहीं, जब तक हम गहरी नींद न सो जाये।

प्यार में कभी, उसकी चाहत से इन्कार न करते
कभी उनकी दी कसमों पर, ऐतबार न करते
सिर्फ मुझे इतना पता होता, कि ये मजाक था
खुदा कसम हम जान दे देते, पर प्यार न करते।

काली घटायें छाये, पर चान्द जगमगाता है
प्यार के राहों पर, इन्सान डगमगाता है
ये प्यार भरे कांटों से, मत घबराना ऐ दोस्त
इन ढेरों कांटों में, सिर्फ अकेला गुलाब मुस्कुराता है।

सारे जहां को जीतने का, खुद से वादा करो
प्यार में जीतना चाहते हो तो, कोशिश ज्यादा करो
चाहे आपकी हिम्मत टूटे, या कहीं तकदीर रूठे
बस मजबूत अपना, इरादा करो।

क्युं अकड़ते हो, अकड़ ज्यादा दिन चल नहीं सकती
इश्क में कभी जुदाई की घड़ी, टल नहीं सकती
चाहे तोड़कर कितने भी दिल, तुम जमा कर लो
मोहब्बत में की रुसवाई, कभी फल नहीं सकती।

दिल तोड़कर जाते जाते, तो बड़े गरूर में कहा था
बहुत मिलेंगे, तुम्हारे जैसे जोकर
आखिर हमने भी, मुस्कुराकर पूछ ही लिया
हमारे जैसे ही, क्युं चाहिए लोफर।

उनकी मजबूरी में, भले जुबां चूप रहे
दिल की धड़कनें, मगर इजहार करती रहे
उनकी प्यार भरी, झुकी नजर ही
हमारे सलामे इश्क का, इकरार करती रहे।

हमारे अब ये फासलों में, चाहतों के दीयें
अब आंधियों में जलायेगा कौन
अपनी तो दास्तां, खत्म होने को है
अब ये मोहब्बत, निभायेगा कौन।

मेरी फरियाद है अगर मै मर गया, तुम याद करोगे या नही
खुदा से मेरी फरियाद तुम, करोगे या नही
आपके आये, आपको मिले बिना, रूह को चैन नहीं आयेगा
हमारे मजार पर आकर, इस रूह को आजाद करोगे या नही।

जिन्दगी को खूबसूरत समझा था, हमने
मौत से ज्यादा रुलाया, उसे आपने
हमें तो आस थी, सदा फूल मिलेंगे आपसे
ये दिल का दर्द कांटों से ज्यादा, दिलाया आपने।

मेरा प्यार था जहां, वहां तूफानों का ठिकाना था
हमारा दिल तो था मासूम, वहां बेदर्द जमाना था
न जाने क्युं बदल गया, सब कुछ एकदम
जिस रोज उनको, हमारी जिन्दगी में आना था।

कौन कहता है, कि जिन्दगी बेवफा होती है
कभी कभी हम भी उदास रहते हैं, जब वो हम से खफा होती है
खुशी तो जिन्दगी में आती है, किसी को अपना बनाकर
फिर अगर वो मिल जाये, जिन्दगी सब से जुदा होती है।

उनको पाने के लिये शहर अपना, छोड़ दिया
लेकिन न जाने क्या मजबूरी में, हमने उसे खो दिया
उनकी हर खुशी के लिये, इस दीवाने ने हमेशा
अपने हर अरमानों को, अश्कों में डूबो दिया।

किसी से दिल न मिलाया, तुम्हारे आने से पहले
तुमने कितने ढाये है सितम हमपे, मुस्कुराने से पहले
अब तक तो जी रहे थे, तुम्हारे इन्तजार में
तेरी अगर बेवफाई मिली तो, अलविदा कह देंगे, तुम्हे
शहनाइयों से पहले।

जहां पर धड़कता है दिल, कोई तो गम छुपा होगा
पैमाना सिर्फ इतना है, कहीं ज्यादा कहीं कम होगा
फिर भी ये जिन्दगी में, मौत का इंतजार उसी को होगा
जिसे मिला तो है हमसफर, पर वो बेकदर होगा।

चुपके चुपके तुमने गैर से, सात फेरे ले लिये, अकेले में
हम तो जैसे कोई तमाशाई बन गये, दुनिया के मेले में
कांटों पर चले लेकिन, कभी होने न दिया जाहिर
हमारे तलवों का लहु तक रो लिया, छूप छूप कर अकेले में।

हमारे प्यार के अफसाने में चाहे लाख तूफान आये, या उठे
आंधियां कितनी
प्यार की शमा जो हमने जलायी है, उसे जलाये रखना
अपने इस प्यार को सींचा है, लहु से अपने
इसमें अगर जान भी आये, मेरी खाक को सजाये रखना।

कितने ही कांटों से घिरा रहता है, ये गुलाब
फिर भी खिला रहता है, और क्या खुशनसीब है बना
ऐसे ही देखे है, हमने प्यार के इन्कलाब
पहले तो वहां कफन भी नसीब न होते थे, और अब इक
प्रेमियों का मजार प्यारा सा ताज है बना।

मोहब्बत के प्यार की ये दीवार, तेरी भी है मेरी भी
मत इसे नजरों से गिरा, ये तेरी भी है मेरी भी
तेरे मेरे दम से तो कायम है, इसमें दिल की रौनकें
तेरा जिगर अगर मेरा है, तो मेरी जां है तेरी भी।

प्यार का नगमा, हर सूर में गाते हैं हम
अपने ही दिल की आग से, पहाड़ों को पिघलाते हैं हम
धराशायी कर देते हैं, गलत अल्फाजों को हम
प्यार को पाने में अंगारों पर, सो जाते हैं हम।

मोहब्बत भी इक, अनोखा सफर है
बुलंदियों पर पहुंचना, इसकी पहचान है
प्यार के कठीन राहों में तो, सभी चलते हैं
जो सही रास्ता अपनाये, वो ही इन्सान है।

कुछ ही चेहरे हैं जो अब तक, मेरी जिन्दगी में आये है
गुलाब तो और भी हैं, मेरे रंगीले दिल में और
यहां अभी तो कुछ ही चिराग जले हैं, यहां आंगन में
जरा मेरे प्रेम-महल में झांको, दिल मिलेंगे अभी और।

हम तो कातिल दिल थे, किसी की तमन्ना के ठुकराये हुए
कोई भी महफिल में जाकर, अफसाना बना देते है
वो जब भी करती थी, प्यार भरी बातें
सारे आलमों को, सितारों से सजा देते थे।

कोई था तेरा दीवाना, जो लबों पर लब रखकर दीवाना हो
जाता था
देख कर तेरी आँखों का नशा, मदहोश हो जाता था
वो भी तेरे जलवे के नशे में, चूर हो जाता था
आज वो तेरे ही मजार पर, कुछ कुरेदता नजर आता था।

अब तो ये इश्क के मकाम में हम, दूर हो गये
अब तेरे ही दिल में है नफरतें, और उस पर गुब्बारें क्युं
हमें पता था यही होगा, हमारे इश्क का अंजाम
फिर भी दिल बार बार रोता रहा, वो बेवफा से क्युं।

बुरा न सुनो, अगर बुरा कहे कोई
बुरा न कहो, अगर बुरा कहे कोई
रोक लो कदम अपने, अगर गलत चले कोई
बख्श दो बेवफाओं को, अगर खता करे कोई।

तेरे यहां सारी इबादतें, दिल की जलकर खाक हो गयी
न जाने कौनसी शह में, मगरूर रहते हैं आप पर चूप रही आप
अब तो तुझे चाहने वाले हर शख्स की जलेगी, यहां छातियां
न जाने कौनसे नासूर दिल में, रहती हो आप।

क्या खूब रुलाया हमें अश्कों से, हम बेबाक हो गये
धूल गये है हम ऐसे, बस अब पाक हो गये
गिर चुके अब ऐसे, अब तो जिन्दा लाश हो गये
प्यार के दुश्मन भी हमे देख कर, गमनाक हो गये।

इक दिन हमारे खुदा से, हमारे बिछड़े इश्क ने सवाल किया
क्युं बनाया है इसे, इसने तो हमे शर्मसार किया
मिला जवाब उसे खुदा से, इश्कनामा है ये जहां
तेरे जैसे बेहया के लिये, सिर्फ खाक हैं यहां।

हमारे ही बेवफा इश्क को देख कर, आ जाती है आपको रौनक
और वो सोचती है, जिसे तड़पाया था वो तो अच्छा है
हमे पता है कहीं नहीं मिलती, ये प्यार की जन्नत
अब तो हम हमारे ही दुश्मनों से कहते है, कर लो इश्क सच्चा है।

हमारी तो मोम सी जिन्दगी है, न जाने कब पिघल जायें
हमारे ये प्यार के दीयें की लौ, न जाने कब बूझ जाये
हमारी ये जिन्दगी का, दौर दोतरफा है यारों
बस उनसे प्यार ही करते रहो, न जाने कब वो पत्थर दिल बदल जाये।

प्यार जख्में जिगर का मरहम है
प्यार कर लो, क्युंकि ये जिन्दगी में बहुत गम है
प्यार से, हर दिल के फूल खिलते हैं
नफरत अगर शोला है, तो प्यार शबनम है।

मतलबी और गैरों की बातों में, यहां नफरत की हवा ऐसी ही है
खुले दिल से कहता हूँ, ये लोगों की फिजा भी कैसी है
आ दिलरूबा, दिल को मेरे मोहब्बत का शि वाला कर दे
आ अपने प्यार से, मेरी दुनिया में उजाला कर दे।

ये गम भरी रातों में, कुछ नया करके दिखायेंगे हम
अगर चिराग न जला, अपना दिल जलायेंगे हम
आपका दिल दुखा तो, ये सबब भी मिला है मुझे
अब तमाम उम्र, आपका दिल न दुखायेंगे हम।

मोहब्बतों से रहो, मेरे हमसफर
हर बात पर रूठा नहीं करते
पत्ते वहीं सुंदर दिखते हैं
जो शाख से टूटा नहीं करते।

लोग सही कहते हैं, पहला प्यार भुलाया नहीं जाता
फिर भी पता नहीं, लोग क्युं इरादा बदल देते हैं
देखते है यहां वहां चंद चेहरे, चंद सिक्कों के लिये
पर ये अपने दिलों दिमाग को, तड़पता छोड़ देते है।

सोच मत साकार कर, अपने दिलबर से प्यार कर
मिलेगा तेरी नेकी का फल, किसी और का इंतजार न कर
जो लोग चल पड़े इस राह पर, वहां मेले ही मेले है
जो करते रहे इंतजार दूसरे रिश्तों का, उनके पीछे लाखो
झमेले है।

हर मुश्किलों में साथ देते है, आशिक
हर गमों को बांट लेते है, आशिक
न रिश्ता इनका खून का, न तो रिश्तों से बंधा है
फिर भी जिन्दगी भर साथ देते है, आशिक।

दिलबर दिलरूबा से, खफा नहीं होता
प्यार कभी प्यार से जुदा, नहीं होता
भुला देना अगर कोई कमी आयी हो, प्यार में
क्युंकि आशिक तो आशिक है, वो खुदा नहीं होता।

मांग भरने की सजा इस कदर पा रहा हूँ
फिर कहता हूँ, मांग भरने की सजा इस कदर पा रहा हूँ
कि उसकी मांग पूरी करते करते
अब तो मांग मांग के खा रहा हूँ।

मजबूरियों को देख कर मेरी, खामोश हो जाना जरा
कभी कोई दिल का दर्द कहूं, आँखों में आँसू ले आना जरा
जब भी मै देखूं कि डूबने को है, अफसाना अपना
जब भी मै आवाज दूं, सिर्फ चले आना जरा।

यहां अपने कदम रखे तो कहां रखे, बता ऐ खुदा
पहले तो तेरी ये जमीं, दलदली न थी
क्या छोड़ गये अपने वतन को, हम कारवां के लिये
दोस्तों के साथ ऐसी दुश्मनी पहले न थी।

आज तो ये आलम है, अपने ही अश्कों से
अब तो अपना ही दिल जलता है
क्या कयामत सी आयी है
अब तो बरसात में भी घर जलता है।

यह तो उसकी तासिर है, जरा इंतजार करना
कुछ तो हमसफर पर और कुछ खुद पर, ऐतबार करना
तुझे मन्जिल जरूर मिलेगी, इस प्यार में
बस् अपनी इबादत बरकरार रखना।

खूबसूरत था इस कदर वो दायरा
कि कभी उसे पाकर, महसूस ही नहीं हुआ
कैसे कब और कहा और.........क्युं
मेरा दिलबर चला गया रूठकर।

अपनी मां के लिये क्या लिखते हो
तुम्हारी मां ने खुद तुम्हे लिखा है
कम से कम मां को लिखकर मुस्कुरा लिया करो
क्या पता किस्मत में तुम्हारी हज लिखा ही न हो।

जब जब मैंने अदब से लिखा, अपनी मां का नाम
कलम भी अदब से बोल उठी, चल जा
हो गये तेरे
चारों धाम।

इन्सान जो अज्ञानी है, वो अपनी गल्तियों को
छुपाकर, बड़ा बनना चाहता है
इन्सान जो ज्ञानी होता है, वो अपनी गल्तियां
मिटाकर, बड़ा बनना चाहता है।

मजबूरियों के दौर में, वो रोये पर मुंह मोड़कर रोये
कितना डर डाला लोगों ने, जो दिल तोड़कर रोये
हमारे ही सामने कर दिये, हमारी तस्वीर के टुकड़े
यारों ने बताया बाद में मेरे, टुकड़े जोड़ जोड़ के रोये।

युं न पुकारा करो, चुपके से मुझे तुम
अपने ये दिल की गहराईयों से
बड़ी शिद्दतों से महसूस होती है, ये तड़प
हमारे दिल को तुम्हारे, ये तड़पने से।

मुमकीन नहीं ये सारा जहां, हम पर खुश-मिजाज हो
फिर भी तुम अपने मिलन से न उदास हो
तुम इतने भी पास न आओ, ये जहां ढूंढता फिरे
और इतने भी न दूर जा, कि जहां बिछड़ने का आभास हो।

गर्दिश की रातों में, मुकद्दर में तारे नहीं होते
अश्कों भरी आँखों में, नजारें नहीं होते
हम भी कभी, आपकी परवाह न करते
गर आप हमें जान से प्यारे न होते।

यही तो इश्क है, इसके भी कई राज होते हैं
तड़पते हुए दिल में, कई ख्वाब होते हैं
मुमकीन नहीं, कि हर आह में यहां आँसू आये
मुस्कुराती हुई आँखों में, कई सैलाब होते हैं।

मोहब्बतों में तो, कोई दिल तोड़ जाता है
मेहरबां कितने भी बनो, कोई भरोसा तोड़ जाता है
सही मकसद जिन्दगी का सीखना हो तो, गुलाब से सीखो
जो खुद टूटकर, दो दिलों को जोड़ जाता है।

हमने क्या पी ली, और उसे नशे में खुदा बना डाला
और जब हमें होश आया तो वा जालीमों ने कहा
तू क्युं मेरे लिये युं ही है रोता
ये जो जालीम हुस्न है, किसी एक का नहीं होता।

बहुत मुश्किल होता है,
उस शख्स का गिराना
जिसको चलना
ठोकरों ने सिखाया हो।

हमारे लिये, इक महकती शाम हो तुम
और इक छलकता, जाम हो तुम
हर जगह छुपाये फिरते हैं, याद तुम्हारी
क्युंकि जिन्दगी का दूसरा नाम हो तुम।

हर वक्त क्युं सोचे, आगे क्या होगा
डर डर के क्युं सोचे, आगे बुरा होगा
आगे बढ़ो - बढ़ते ही चलो, अपनी डगर
आगे कुछ मिले न मिले, कम से कम सदमा तो नया होगा।

इक दोस्त बनकर, आपके करीब आये है
इक प्यारी सी मुस्कान, संग अपने लाये है
आओ साथ मेरे करे ये, जिन्दगी की शुरुआत
हजारों दुआयें, हम दोस्तों की साथ लाये हैं।

हमारे दिल को न जाने, फिर प्यार करने का ख्याल आया
जब ये ख्याल आया, खुद को फिर अकेला पाया
फिर से ढूंढते रहे, तुम्हारा सा हमसफर
लेकिन हर शख्स को हमने, बेवफा पाया।

तुमने तो दिल से रूख्सत दे दी, अब हम दुनिया छोड़ जायेंगे
इतनी मोहब्बत थी आपसे, आप ये न सोचना भूल जायेंगे
जब भी कहीं दिल दुखा, सिर्फ ऊपर देख कर याद करना
कसम खुदा की, आँसू बनकर ऊपर से बरस जायेंगे।

कर्मों की ये जमीं पर, फल पाने के लिये
कार्य तो सब को, खुद करना पड़ता है
ऊपर वाला तो सिर्फ, हाथ की लकीरें देता है
उनमें रंग, खुद भरना पड़ता है।

किसी के संवर जाने के लिये तूने, तो तेरे प्यार की कुर्बानी दे दी
इक दिन वो बदले में तुझे बख्शीश, तेरे ही दहलीज पर धर
जायेगा
तू तो मांझी है, जरा जिन्दगी की कश्ती को उछाला दे दे
तू खुद नही, कोई तो साहिल पर उतर जायेगा।

जिन्दगी की यही दास्तान है, यहां सब कुछ नहीं मिलता
सभी लहरों को नदियों में, साहिल नहीं मिलता
यह जो दुनिया है, यह है दुनिया दिल वालों की
यहां कभी किसी का दिल नहीं मिलता, तो कभी दिल वाला
नहीं मिलता।

महफिल में हमारे वो आये हैं, मगर खुशी से नही
बैठे तो है हमारे साथ, मगर दिल से नही
कौन कहता है कि वो, हम से प्यार नहीं करते
वो करते तो बहुत है, मगर दिखावे से नही।

हमने तो उनसे, सिर्फ मांगा था
थोड़ा सा उजाला, अपनी जिन्दगी में
उन्होने न जाने क्युं
आग ही लगा दी जिन्दगी में।

युं अपनी नजरें झुका लेने से, क्या फायदा
इसमें कुछ सादगी की होनी चाहिए, अदा
शराफत तो आपकी, तब झलकेगी
जब इसमें दिखेगी, नीयत वाले पर्दों की अदा।

उम्र की क्युं यु ही, वो जाया करते
ये हुस्न वाले, ये इक जरा सी बात क्युं बताया नहीं करते
की ही जाये, उनसे मोहब्बत जरासी तो
वो इतरा इतरा के लोगों की, कदर क्युं नहीं करते।

प्यार की शुरुआत तो हो गयी थी, पर अंत न मिला
कुछ किस्मत ही खराब थी, जो वक्त न मिला
प्यार में उड़ना तो चाहा, पर पंख न मिला
रोना ही लिखा था किस्मत में, तो हमसफर न मिला।

बचपन से ही तुम्हारा आशियाना, दिल में बना रखा है
पुरानी यादों को भी, दिल में सजा रखा है
आपकी याद हमें पता नही, हर वक्त क्युं है आती
जब कि दोस्त तो हमने, कितने औरों को भी बना रखा है।

जिन्दगी में तीन चीजें जबरदस्त होती हैं
महक, मोहब्बत और बेटियां
यह कब वहां रूकती है
जहां पर वो पलती है।

प्यार में मेहबूब का हाथ, वफादारी से जिसने पकड़ा
वो कभी नहीं रहा बेसहारा
कठिनाइयों के दरिये में डूबकर भी
उसे मिल गया किनारा।

तेरे हुस्न के हम दीवाने हो गये
तुझे अपना बनाते बनाते, खुद से बेगाने हो गये
हमें क्युं इस तरह मंझधार में छोड़ा, ऐ दिलरूबा
तेरे जितने करीब आये, उतने ही दूर हो गये।

क्युं इल्जाम देते हो कि हम, डगमगाये वफा के रास्तों मे
न जाने हमने कितने चिराग जलाये, वफाओं के रास्तों मे
न गलत इल्जाम लगाओ, हमारी वफाओं पर
आओ गले लग जाओ, और चलो देखो, मिलेंगे कितने रहबर
प्यार के रास्तों में।

भरी महफिल में हम को, नजरों से गिराने वाले
ढूंढ लेना अब तेरा, नाज उठाने वाले
छोड़ जायेंगे कुछ बातें, भरी दुनिया में
रोयेंगे हम को, ये जमाने वाले।

क्या था वो हकीम देख कर मेरी नब्ज, उसने बीमार लिख दिया
निदान किया रोग का, तुम्हारा प्यार लिख दिया
आज तो कर्जदार हो गये, हम उस हकीम के
जिसने दवा की जगह, आपका दीदार लिख दिया।

बस वही गुमान
बस वही गरूर रहता है
तू मुझ से जुदा ही सही
पर दिल में मेरे जरूर रहता है।

सारी मस्तियां, मोहब्बत की छोड़ आये

तेरे शहर में अपना, जहां छोड़ आये

बहुत दूर चले आये, तेरे उस जहां से

लेकर तो आ गये अपना दिल, आत्मा तेरे दर छोड़ आये।

इक वादा किया था, वादा निभाने के लिये

इक दिल दिया था, इक दिल पाने के लिये

उसने मोहब्बत तो सीखा दी, और कहा

मैने तो प्यार किया था, तुम्हे आजमाने के लिये।

उसकी आँखों से दूर न हो, दिल से उतर जायेगा

तेरा वक्त तो गुजरा ही है, और गुजर जायेगा

इतना मायूस न हो, तकदीर से अपनी

उसके दिल में झांक कर देख, तेरा गम उतर जायेगा।

जिसके पास होते हैं अपने

वो अपनों से ही झगड़ते हैं

जिनका बिछड़ गया है अपना

वो उस अपने को तरसते हैं।

हमारे तो सिर्फ ख्वाब टूटे हैं

मगर हौसले अब जिन्दा हैं

हम तो वो शह है

जिनसे हर मुश्किलें भी शर्मिन्दा हैं।

हम तो दिन रात भटकते रहे, तेरी राहों में
काटी है कई रातें, तुम्हारी आहों में
ये दिल को आज न जाने, आपसे मिलने की तमन्ना हुई
अफसोस, अब पता चला, हमारा कुछ भी वजूद नहीं है,
आपकी निगाहों में।

तुम्हारे लबों की लाली, हमारे लबों को भीगा रही है
तुम्हारे सांसों की लहरें, ताजगी जगा रही हैं
आओ हमारे साथ, ओर हो जाओ शामिल
इक प्यारी सी सुबह, कब से जगा रही है।

जल तो जायेगी ये मेरी काया, इक दिन
फिर भी मै अपनी खूबसूरती पर, इतराता हूँ
मुझे पता है, मै खुद के सहारे, शमशान तक भी न जा सकूंगा
इसीलिये जमाने में, दोस्त बना रहा हूँ।

आपने दिया जो दर्द, वो कितना खुशनसीब है
उसे पाकर तो मैं, रोज आपको याद करता हूँ
उस गैर से पायी दौलत, उतनी ही बदनसीब है
जिसे पाकर, आप जैसे दोस्त तुझ को भूल जाते हैं।

देखो चिंता तो होती है चकोर चान्दनी
वो काट कलेजा खाये
वो बैद बेचारा क्या करे
सिर्फ बाहर मलम लगाये।

क्युं हम जीने की तमन्ना करते हैं
क्युं हम मौत का इंतजार करते हैं
क्युं वो हम से दूर रहते हैं
जिन्हे हम दिल से प्यार करते हैं।

तुझे तो रईसजादे की जरुरत है, मोहब्बत वाले की नहीं
ऐ शौके हसीना, तेरी मन्जिल मेरी मन्जिल नहीं
तुम्हे तो ऐश से काटनी है, जिन्दगी कमसीन
उस ऐश की तमन्नायें, मेरे दिल में नही।

उस अमीरजादे ने हक, तुम्हारा हम से छीना है
अब तो खाक ही मिलेगी तुझे, तेरा जीना ये क्या जीना है
आज तो बूझे दिल भी तुझे, बूझदिल कहते है
सोचता हूँ ए नादान, तुम किस हवा में रहते है।

जिन्दगी मेरी किताब की तरह है, ये कितनी भी पुरानी हो जाये
पर इसके अल्फाज, कभी नहीं बदलेंगे
कभी याद आये तो, इसके पन्ने पलट कर देखना
हम जैसे आज हैं, कल भी नहीं बदलेंगे।

सुन ऐ उम्र मेरी, कुछ कहा है मैने
लगता है शायद, अभी भी तूने सुना नही
तू भले ही छीन सकती है, बचपन मेरा
पर बचपना नही।

हर बात का कोई, जवाब नहीं होता
हर इश्क का नाम, खराब नहीं होता
प्यार के नशे में झूम लेते हैं, ये दिल वाले
मगर हर नशे का नाम, शराब नहीं होता।

दिलबर को परखना नही, परखने से वो अपना नहीं रहता
सपना भी अगर टूट जाये, वो सपना नहीं रहता
बड़े लोगों से मिलने में हमेशा फासला रखना
जहां दरिया समन्दर से मिला, वो दरिया नहीं रहता।

जिस दिन तुम्हारा दिलबर
तुम पर नाराज होना छोड़ दे
तब यह समझ लेना
कि तुम दिलबर को खो चुके हो।

जिन्दगी बहुत तड़पाती है
जिन्दगी बहुत कुछ सिखाती है
मगर झूठी हंसी हंसने का हुनर
तो सिर्फ मोहब्बतें सिखाती है।

इतना तो कर्म, उनका हम पर
कोई कम तो नहीं है
इतने दे दिये है, गम और पूछते हैं -
आपको कोई गम तो नहीं है।

प्यार की डगर में तो, ठुकराये
हमने भी कई दिल, तुम्हारे खातिर
आपसे जो हमारा ये फासला, भी शायद
उनकी बददुआओं का असर है।

होती नहीं है, ये मोहब्बत सूरतों से
मोहब्बत तो सिर्फ, दिल से होती है
सूरत तो साजन की खुद लगती है, प्यारी
कदर जिनकी, दिल में होती है।

ये अलग सी होती है
यह इश्क की डगर
डगर तो पाने में, वो हम से भटक गये
और हम हमारी मन्जिल ही खो गये।

सच्चा इश्क ही, खुद बताता है
कहां पर, किसका ठिकाना है
किस से सिर्फ आँखें लड़ाना है
और किसे अपने दिल में बसाना है।

शहर में तेरे आज भी मिलते हैं हम
आज भी पुराने यारों से
पर तुम्हारी कमी का अहसास, वहां
कल भी था, और आज भी है।

चलों आज लिख ही देता हूँ, सब कुछ तुम्हारे नाम
सिर्फ कह दो कि दिल लिखूं, या जान लिखूं
क्या आँखों से चुराकर, सारे आँसू लिखूं
तेरे गम तो मै रख लूं, और खुशियां तेरे नाम लिखूं।

ऐ हुस्न क्युं देते हो, दुआ इश्क को
अपनी उम्र लगने की
ये जो इश्क है न वो
सिर्फ हुस्न के लिये जिन्दा है।

वल्ला क्या चेहरा है, जरा इसे दिल में उतार लूं
मेरी सारी जिन्दगी, तेरी चाहत में संवार लूं
सिर्फ दीदार होता रहे, सुबह शाम
सारी जिन्दगी, तेरे दीदार में गुजार दूं।

तुम्हे नहीं मालूम, कैसे गुजरती है जिन्दगी
ये गुजरती भी है, तो सिर्फ नाजुक दौर से
और ये दिल भी है गम का मारा
उसे भी नहीं मिलती तसल्ली, तेरे सिवा किसी और से।

तुम तो याद आयेगी रोज, हमे
मगर कभी, तुम्हे आवाज नहीं दूंगा
लिखूंगा तेरे ही लिये, सब शेर
मगर जिक्रों में, तेरा नाम न लूंगा।

बेहद प्यार किया था, उनसे
बेइन्तहा चाहतों के साथ
बेवजह छोड़ दिया उसने
बेइन्तहा, दर्दों के साथ।

आज के दौर में तो, जब भी हिचकी आती है
हम शराब ही पी लेते हैं
ये दिल ने वो वहम ही छोड़ दिया
कि वो तुम्हारी, याद दिलाते हैं।

अरे वो आस्मां के चान्द, अब तू चमक या न चमक
अब हमें कोई गम नही
आज के दौर में सभी, ये पढ़ने वाले भी चान्द है
उनकी चमक भी तुझ से, कम नहीं।

हमारे दिल से पूछ लेना
चाहे सुबह से या चाहे शाम से
हमारा ये दिल तो धड़कता है
सिर्फ तुम्हारे नाम से।

प्यार में मुश्किल होता है, नफरत ही देना
जब कोई खामोश रहकर, प्यार करता है
और मुश्किल होता है, प्यार करना
जब कोई चिल्लाकर, नफरत देता है।

मोहब्बत परदें में करो, नजर न लगे जमाने की
जान दे दो एक दूसरे पर, जरूरत न पड़े मनाने की
कभी न छोड़ना, ये प्यार का साथ
ख्वाहिश है हमारी, अन्त तक साथ निभाने की।

मोहब्बत ऐसी हो, जिसकी कोई सीमा न हो
यारी भी ऐसी हो, कि उसमें कोई नफरत न हो
यकीन इतना हो आपस में, जिसमें कोई शक न हो
निकाह का इंतजार भी इतना हो, जिसका कोई वक्त न हो।

मेहबूब से प्यार हो, वो भी हमेशा दिल में हो
उसकी हर आहट, सिर्फ तुम्हारी सांसों में हो
आप कभी भी न भूल पायेंगे, उसको
पड़े अगर उसकी परछाईं भी, आपकी आँखों में हो।

दुनियां में हवा, पानी, अंधेरा और रोशनी
कभी मर नहीं सकते, मार देंगे पर मरेंगे नहीं
वैसे ही मोहब्बत भी कभी मर नहीं सकती
पर, मोहब्बत मार देती है।

प्यार जब से आपके साथ हुआ, यह दिल जानता है मेरा
ये जमाना ठोकरें ही दे रहा है, जब से मिला है प्यार तेरा
अब तो अपनों ने शहर छुड़ाया है मेरा, पर दिल संभाल
रखना मेरा
जिस हाल में रहूं यहां पर, पर बन्दा रहूंगा तेरा।

हम तो सोचते थे, हम ही जागते रहते हैं रातों में
अब तो ऐ चान्द बता, किस से आँख लड़ाता है रातों में
कही कोई शमा तो नहीं है तेरी, जो रोती है दिल में और
बाहर से मुस्कुराती है
देख हमारी भी एक शमा है, हमारी महफिल में हमारी रौनक
बढ़ाती है।

रुसवाइयां बहुत जरुरी है, जिन्दगानी में
लेकिन इससे प्यार भरी, मनवाई भी हो
मुझे तो सिर्फ, इक दिलरूबा की तलाश है
जो कुछ मुस्कुराये और उसमें थोड़ी, रुसवाई भी हो।

तेरे ही लोग खाक में, दबा देंगे उसे
जिसने हर जुल्म सहकर, तुम्हे कन्धों पर उठा रखा है
अरे इन्होने कभी किसी के, दिल को नहीं छोड़ा
इन्होने तो हर किसी को, जिन्दा ही शमशान में है छोड़ा।

कहीं भी छोड़कर हम को, कहीं जाने की जिद न करो
आप रहो सिर्फ साथ मेरे, मेरे पहलु में बैठे रहो
अगर आप छोड़ गये तो, मेरी जिन्दगी में अंधेरा हो जायेगा
और अगर काली रात आयी तो, उस रात को गहरा न करो।

क्युं तूने घर अपना, मेरी पुरानी तस्वीरों से सजा रखा है
अरे पगली अब घर सजा प्यार से, तस्वीरों में क्या रखा है
यह तस्वीर तो पुराने अफसाने, हमारे खोलेगी
जो हमने बिछड़कर दर्द सहे, उस बारे में कुछ न बोलेगी।

दिल की यह कश्ती हमारी डूब ही जाती थी, अगर
आपके दिल का इसे सहारा न मिलता
अपने आपको कुछ कर जाता, और मर जाता
अगर आँखों से आपकी नजर का इशारा न मिलता।

हमारी आँखों में तो भरे हैं गम के आँसू, और वो बह नहीं सकते
सामने तुम्हारे लूटते है सब हम को, हम कुछ कह नहीं सकते
कभी देखा न हो तुमने, ये मेरा तमाशा देखते जाओ
दुनिया वालों से यही कहते हैं हम, ये दुनिया देखते जाओ।

तेरे तो ताकत के पंजे हैं, नाजुक कलाई है हम बदनसीबों की
चली गयी है दौलत के पंजों में, कलि हम गरीबों की
अब तो कौन जालीम है, बेसहारा कौन देखते जाओ
दुनिया वालों से यही कहते है हम, ये दुनिया देखते जाओ।

करते नहीं कुछ काम तो, अब काम करना क्या जानो
अब तो तुम्हे जीते जी भी जीना है कैसा, क्या जानो
तुम्हारे जैसे रो रो कर भी अगर मौत मांगे, तो
तुम्हे जीना ही नहीं आया, तो मरना क्या है क्या जानो।

जन्नत में मरने पर, खुशी मिले या न मिले
ये मस्ती ये मौज, मिले या न मिले
लेकिन पीने में कोई कसर न छोड़ना, ऐ दोस्त
मालूम नही, वहां ये मिले या न मिले।

मजनू हूं ना तेरा सोचकर, लोग जो बासा दे खाता हूँ मै
तेरे ही गली की धोखे की हवा में, सांस लेता हूँ मै
इतने कोई दुश्मन को भी नहीं देते, धोखा
जितने खुद को, फरेब देता हूँ मै।

रातों में युं ही दिल में, तेरी खोयी हुई याद आ जाये
जैसे कि विरानों में, चुपके से बहार आ जाये
जैसे कि सूखे रेगिस्तान में हौले से चले, ठण्डी हवा
जैसे दिल के बीमार को, बेवजह करार आ जाये।

प्यार में दो चीज निकली, इक थी सहेली, दूसरी पहेली निकली
मोहब्बत सोचा था सुलझी होगी, वो उलझी निकली
प्यार ढेरों सोचा था, बेवफाई निकली
उसे बेवफा समझा, अब सिर्फ तन्हाई निकली।

ऐ खुदा, तू ही बता, ये तेरी दुनिया में क्या हो रहा है
यहां कोई मजनू हंस रहा है, कोई रो रहा है
अरे बदनसीब, तू क्युं गमों से ही, दिल को धो रहा है
यहां गलफतों की सहर हो गयी, और तू अपने ही गमों में
सो रहा है।

हम तो जिन्दगी भर, उसी पर मरते रहे
जो हमें इज्जत चैन से, बसर न हुई
लोगों ने दिलों से दुनिया नयी, बसा डाली
और हमें आज तक, यह खबर न हुई।

ये फूल भी शबनमों में, डूब जाते हैं
दिलों के जख्म कहां, मरहम में डूब जाते हैं
जब कोई आसरा, यह दिल को नहीं मिलता
हम तो तेरे ही गम में, डूब जाते हैं।

कभी भी नफरतों को दिल में, बसने नहीं देना
किसी अंजाने को दिल में, जगह नहीं देना
सोच समझकर जिन्दगी के सफर में, पैर रखना
रख ले अपने दिल के दर्द को सीने में, गैरों पर भरोसा न रखना।

वो मेरे रास्ते, वो मेरी मन्जिल कहां है
जिसको किया था हासिल, वो जाने जहां कहां है
कहते हैं पैदा की है, उसने दिल में कई गलतफहमियां
ऊपर वाला ही जाने, उसका प्यार वाला दिल कहां है।

हम नहीं कहते, दिल जिसने पैदा किया, वो बदनाम है
हम तो कहते है, दिल में नफरतें पैदा, करने वाले बदनाम हैं
हमने तो कोशिश की थी दिल लगाने की, हम तो हुए बदनाम
अरे उन्होने तो लूटा है कितनों का दिल, खत्म हो गया है नाम।

आपको कभी दोस्ती कहेंगे, कभी दुश्मनी कहेंगे
अगर मिल जाये कभी तुझसा, उसे जिन्दगी कहेंगे
तेरा देखना है जादुभरा, तेरी हर अदा में खुशबू
जो तेरे जैसा चमके, उसे हम चान्दनी कहेंगे।

प्यार के वो पल जिन्हें, फिर पलटकर नहीं देखा
वक्त वो कहां टूटे दिलों में, मुरादों के फूल लाता है
मुलाकात का वो आखरी मोड़, जिसने हमें तन्हा छोड़ डाला
वो मोड़ जब भी आता है, ये दिल रोकर गुनगुनाता है।

ये जो दिल है, वो बदौलत एक रंज है
यही दिल कभी, बदौलत राहत भी है
यही प्यार की दुनिया है, यह दोजख भी है, जन्नत भी
फिर भी दिल टूटके जो उभरा है, उसके लिये तो यह मिलकत
भी है, जन्नत भी।

इस बर्क की रोशनी से, आँखों को बचा लो
प्यार की रोशनी आती है मगर, नूर चला जाता है
जवानी आती तो है, पर दिल को करती है गाफिल
तेरे प्यार का आशिक तो उठता है शब से, मगर दूर चला
जाता है।

न तो जर से है, न तो जेवरात से है
मेरी तो बादशाही, मेरे दिल में है
बस अपनी रजा को, मेरी रजा पर छोड़ दे
मिलकियत दिलों जान की, बस इसी में है।

ए इश्क हमें, बर्बाद न कर
हम भूले हुओं को, याद न कर
लाओं तो कत्लनामा मेरा, मै भी देखूं
किस किस की मोहर लगी है, सरे मजहर लगी हुई।

टूटे तारे को देख के सोचा, मांग लूं आज मुराद कोई
जब मांगा कुछ, तो दिल से आवाज आयी -
जो खुद टूट रहा हो
वो कैसे करेगा, पूरे अरमान कोई।

हमारे पैरों में डाल कर, रुसवाई की जंजीर, खुश हो आप
लो अब तो सब ने तलब कर दिया, खुश रहो आप
लो ये दिल भी मेरा लेकर हम से, जां भी, तलब करते हो आप
लीजिए जां भी हमारी हाजिर है, पर ये तो गजब करते हो आप।

जीतकर ये इश्क की बाजी, तुम तो, जैसे जन्नत में रहते हो
कभी कभी खुश भी रहते हो, कभी उदास भी रहते हो
हमारे दिल में ही नहीं रहते, आँखों में रहते हो
तुम हम से दूर भी रहते हो, दिल के पास ही रहते हो।

ऐ दिलचस्प दिलरूबा, जरा मुस्कुराकर मेरे चमन से आओ
ताकि फूलों के चेहरे मुस्कुराये, समझे फिजा आयी
और फूलों से भी इतना रब्त न बढ़ाओ, कि शबनम को आये
रुसवाई
सिर्फ हमारे दिल को न तोड़ना, न छाये इसपे कोई रुसवाई।

पलट देते हैं हम सख्त दिल को, हम अपने इश्क से
चर्चा हमारे कत्ल का, आज उनके लोगों के दिल में है
हमने तो चिराग जलाये अक्सर, आंधियो में
आज देखना है तमाशा मेरा, उनके कौनसी दिल की मन्जिल
में है।

अब तो मिट गया तेरा मिटने वाला
अब तेरा सलाम आया तो क्या
दिल की लो सारी बर्बादियां हो गयी
बाद तेरा पैगाम आया तो क्या।

तेरे तमाम इलाके ने, जो मेरा इश्क उछाला था
यह तो इत्तेफाक था, तुम इसे हादसा न कहो
यह तो और बात है, मेरा दिल तेरा दुश्मन बना है आज
वो तो तेरा हा‌ दोस्त था कल तक, उसे बेवफा न कहो।

हमारे ये इश्क को तुम, जख्मों का आइना न कहो
यह तो जिन्दगी है इक रहमत, तुम इसे सजा न कहो
तुम्हे क्या पता क्या क्या थी मजबूरियां, हमारी
तुम ही तो साथ छोड़ गये, अब हमें बेवफा न कहो।

बदनाम कर दिया बेवफा ने, ऐबी की तोहमत लगाकर, अब
हमारे ऐब तो गिनवाओं
कम से कम शर्म रखो, पीठ पीछे बुरा भी न कहो
तेरा जो ये शहर है, वहां तो तेरी दावतें खाते है सिर्फ राक्षस
तुम हर एक तराशे हुए बूत को, देवता न कहो, साथ ही
मुझे ही अपने ही गुनाहों का, सिलसिला न कहो।

लगाकर मेरे ही घर में लपटों की, आग जालीम
खुद तेरे ही मजे के लिये, तेरे ही आंगन में उजाला आये
हम को अब तो ये आलम है, कि कहां बैठकर रोये ये विराने में
चलो फुर्सत से जालीम, तेरे ही पुराने खतों को खंगाला जाये।

सच्ची मेहबूबा की बात, कभी राज नहीं होती
वक्त के पहिये में, आवाज नहीं होती
जाने किस वक्त ये बरस दे, सारी मोहब्बतें
क्युंकि इनकी मर्जी, किसी की मोहताज नहीं होती।
रूठे मेहबूब के दिल में बिछड़ी मोहब्बत का, कमल खिल जाये
फिर से रूठा मेरा प्यार, मेरे गले मिल जाये
जज्बा ए इश्क मेरे सीने में, रवां हो जाये
ये जिन्दगी फिर से हंसी, फिर से, जवां हो जाये।

यारों मजनू की रूह की, आवाज सुनो
उसकी ही रूह ने कब्र के आलम से, पुकारा है हमें
गमें इश्क के दुखदर्द से रूह, है कुछ घबरायी हुई
कहती है देखना तुम हर तरफ, रंजो मुसीबत की धरा छाई हुई।

ये आंधियां तो चलती है इश्क की, शमा बूझाने के लिये
सदियों से जल रही है दिल में, राह दिखाने के लिये
ये खुदगर्ज दीवाने सिर्फ, परवाज है चान्द-सितारों की तरफ
यहां ये कोई तकता नही, इश्क में दुखदर्द के मारों की तरफ।

तेरे दिल ने मुझे बहुत तड़पाया, तेरी आँखों ने किया रुसवा
ये तो अपनों से हुआ ये कुछ, बेगानों से अलग होता
अर्ज है पास तेरे दिल के रहने दीजिए, मेरे दिल को
मेरी अब हर इक खुशी है तेरे और गम उठाने के लिये ये
दिल है रोता।

यह हाथ मेरा किसी दिन बेखुदी में, लग गया उसके सीने पर
बस् इतनी सी खता पर, हाथ कुचला उसने पत्थर पर
उसका दिल में क्या कोई, रंजीशे पत्थर तो नहीं
फिर किस लिये है ठहरता ये, दिले बेताब तो नहीं।

चलो भुलो पुरानी बातों को, अब आओ मोहब्बत की वो
मन्जिल ढूंढे
जिसपे तूफां से मिले साहिल, वो अमन ढूंढे
अपने दिलों में फिर वो ताजा तमन्ना का, कंवल खिल जाये
फिर से रूठा हुआ, वो प्यार गले मिल जाये।

लाखों शराब के जाम उछल के छलके, लेकिन
ये दिलों के जख्मों की तमन्ना, न भर सका कोई
इन्सान तो उतर गया, जमीं पर चान्द के लेकिन
दिलों जमीं के दुखों का निपटारा, न कर सका कोई।

प्यार में इक अजनबी बनकर आयी थी, इसीलिये उसे ये दिल
ने मेरे अपनाया था
मुझे तो ऐसा लग रहा था, कि जन्मों का मेरे साया था
लोग तो करते हैं, रोशनी घर में
मैने तो दिल में उसके नाम का, दीया जलाया था।

हमारे बाद हमारी मोहब्बत के अफसाने, महफिलों में बयां होंगे
फल बहारें हम को ढूंढेगी, न जाने हम कहां होंगे
हमारे ही अंदाज में झूमेगा मौसम, गायेगी ये दुनिया
मोहब्बतें फिर से हंसेगी, नजारे फिर जवां होंगे।

प्यार की मन्जिल पाने में, तू मेरे साथ रहकर मेरे करीब न थी
अब तू ही बता, इससे बड़ा फासला और क्या होगा
जब मुझे खुद, अपनी वफा पर ही ऐतबार नही
कभी तेरा दिल भी, मेरी ही तरह सोचता होगा।

अब तो चेहरे का नकाब हो गयी है, हमारी दुनिया
और कहूं की आँखों का पर्दा हो गयी है, ये दुनिया
जब से हमारे ही दुनिया से मुंह मोड़ा है तूने
इक भुला हुआ ख्वाब हो गयी है, मेरी दुनिया।

खुद से हैरान हूँ कि इश्क में, क्या खाक पाया मैने
तुम्हारी खातिर सारी उम्र को, गंवाया मैने
वो बेवफा तो अपने शौहर के पास जा है, पहुंची
हमारी ही मन्जिल का निशां, अब तक न पाया मैने।

प्यार भरी मस्तानी बातों से, अदायें जागती हैं अक्सर
नशीली निगाहों से संवरते हैं, ख्याल
क्युं फिर ये फासलों की बहार लाती है, ये खिजा
इसमें कभी जीना, कभी मरना, होता है मुहाल।

इश्क इक दरिया है बस् तू किनारे को संभाल
यही है मोहब्बतें और, ये मोहब्बत के जवाब
इसमें जो जख्म तुझे मिले है, वो बदन को निकाल
जो कांटा चूभा है दिल में, उसे भी अब दे निकाल।

अब तो मानता हूँ, उस खुदा को
जिसने मुझे, ये हसीन जिन्दगी दी है
और मै मानता हूँ, आपको
जिसने मुझे जीने के लिये, ढेरों खुशियां दी है।

प्यार की मन्जिल थी दूर, जितने होते है चान्द-सितारे
साथ आपने दिया, अब ये आ गये कदमों में हमारे
प्यार की ये जंग में छोड़ भी देता, और हार जाता
आपके हौसलों ने कर दिया, यह जहां पास हमारे।

जिन्दगी में कुछ करना है तो, कुछ अलग करना है
इसमें जो दिल है, उससे तुम सिर्फ वफा करो
वर्ना यह इश्क के खेल में लोग, मजबूरी का नाम लगाकर
सिर्फ दिलों से, बेवफाई करते हैं।

सुना है तुम्हारे दिल में अब जगह नही, नजर में आपके रहने दो
कम से कम हयात को मेरी तुम, अपने असर में रहने दो
हमने तो बहुत सोचा था, फिर भी सोच तेरे दर पर छोड़ आया
अब कम से कम मेरे वजूद को, अपने ख्वाबों में रहने दो।

मोहब्बत भी क्या, गजब की चीज होती है
मगर यह कहां, सबके नसीब में होती है
जिसने पकड़ लिया सब को भुलाकर, इसका दामन
तो ये समझ लेना, जन्नत भी इनके ही करीब होती है।

इश्क में आगे मत चलिये, हो सकता है तुम्हे संभाल न सकू
इश्क में पीछे मत चलिये, हो सकता है मै संभल न सकू
इश्क में चलना है तो, साथ साथ चलिये
ताकि डाल के हाथों में हाथ, ये इश्क की मन्जिल पा सकूं।

दोस्त, अगर किसी की खातिर, अगर
मुझे तुम भूल भी गये, तो कोई बात नहीं
हमने भी भुलाया था, सारा जहां
किसी के खातिर।

काश, हमारे रूह की जगह
सिर्फ तुम होते, मेरे जिस्म में
जिस वक्त, तुम आज की तरह, मुझे छोड़ जाते
खुदा कसम, उसी वक्त हम मर जाते।

किसी ने क्या कहा है -
मुझे क्या पता था
कि प्यार का दर्द, क्या होता है
बस फिर, तुम मिल गये, और
मेरी जिन्दगी, बर्बाद हो गयी।

बीती हुई मुलाकातों का ख्याल, जब दिल से टकराता है
यह हमारा दिल जो है टूटा हुआ, खामोश रह जाता है
इसमें जो होता है जालीम, वो सब कुछ कहकर प्यार जताता है
सच्चा प्रेमी खामोश सा रहकर, सब कुछ बोल जाता है।

जिस बात की, कोई वसीहत नही
वो जिन्दगी है
जिस बात की होती है, वसीहत
वो सिर्फ मौत है।

याद अगर जो आये, तुझे कभी
मेरे साथ गुजरे हुए वो पल
लौट आना जरूर क्युंकि
इन निगाहों को सदा, तेरा इंतजार रहेगा।

पड़ ही जाती उनकी आदत, गमसाजों की
जो मुश्किल में भी, इनके करीब होते हैं
सच ही कहा किसी ने
ये सहारे भी सब से, अजीब होते हैं।

बेवफाओं के लिये, कोई दिल नहीं होता
घमंडियों के लिये, कोई खुदा नहीं होता
ईष्र्यालुओं के लिये, कोई पड़ोसी नहीं होता
और क्रोधियों के लिये, कोई मित्र नहीं होता।

जिन्दगी में मुझे दो ही बार
गलत समझा गया
एक, मेरी शायरी को हर शख्स ने, सच समझा
दो, मेरे सच को, हमेशा शायरी ही समझा।

अब तो आँखें भी, थक गयी हैं
ये आसमान को, देखते देखते
क्युं वो मेरे गम का, तारा नहीं टूटता
जिसे देख कर मैं, तुम्हे फिर से मांग लूं।

क्युं ठुकरा दिया तूने, मेरे प्यार को
इक दिन तू तरसेंगी, मेरे दीदार को
तड़पती रहेगी याद करके, जुल्म अपना
क्युं न गिराया, पैसों की दीवार को।

हम तो कहते हैं, खामोशियां ही प्यार होती है
कभी इन खामोशियों को, प्यार से सुनो
खामोशियां अपने प्यार से, वो कह जाती है
जिनकी तो लफ्जों को भी, तलाश रहती है।

अरे फरेबन, तेरे फरेब से, किसी और को बसाना दिल में
अब आसां नहीं
तेरे बिना जीना भी अब, मुमकीन नहीं
नजदीक आने के तो बहुत सलीके थे, मेरे पास
पर तूने कभी मेरे दिल को, अपने दिल में बसाया ही नहीं।

आपसे हमारा क्या रिश्ता था, ये समझ न पाये आप
हमने तो दोस्ती का साथ रखा था, प्यार समझ बैठे थे आप
अब तो हम खुदा से गुजारिश रखते है, सलामत रहे आप
अब खुशहाल है आंगन हमारा, बेशक तन्हा रहो आप।

अपने पुराने प्यार का क्या क्या, किस्सा सुनाऊं सखी
वो जब सहलाता था प्यार से, तो मेरी सांसे रूक जाती थी
क्या थी ताशिर उसमें और, जन्नत उसकी बाहों में
खुद को जब देखती थी आइने में, नजर ही झुकी जाती थी।

आपको बोलने के लिये, लफ्ज प्यार के कितने थे मेरे पास
मगर मजबूरियों में मै, चूप रहा खामोश रहा
आज मूड़कर देखता हूँ, मैं जिन्दगी को, कि
जो लफ्ज तुम तक न पहुंचे बेकार हो गये, अब क्या रहा
मेरे पास।

जो खो गया, उसके लिये, रोया नहीं करते
जो पा लिया, उसे कभी खोया नहीं करते
दुनिया में उनके ही सितारे चमकते हैं, सिर्फ
मजबूरियों का रोना, जो रोया नहीं करते।

नदी के किनारे की कभी, हद नहीं होती
सितारों की गिनती, कभी कम नहीं होती
थाम के रखना हम से, हमारे हौसले
क्युंकि हमारे दिल में कैद दोस्तों की कभी, जमानत नहीं होती।

दिल के मरीजों को न जाने, कब मौत का फरमान आ जाये
अब तो थोड़ी जान आपने छोड़ी है, शायद ये भी आपके काम
आ जाये
अब तो क्या खाक छोड़ा है आपने, दुआओं के सिवा
खुदा करे वो भी दुआ, आपके काम आ जाये।

अब तो सजके कफन में, तेरे दर से जायेंगे
चलो इसी बहाने आपको, दीदार हमारा दे जायेंगे
अब खुशी से डोली में, चले जाना उनके घर
अब ख्वाबों में तुम्हे सताने, हर रोज आयेंगे।

बात बात में हर वक्त, आपसे धोखे खाये थे हमने
गैर से तुम्हारी हां का, एक और धोखा खाया है हमने
न जाने कितनों से थे, फसाने आपके
चलो आज आपकी ये जफा को भी, आजमा लिया हमने।

कोशिश कर रहा हूँ, कि कोई न मुझ से रूठे
जिन्दगी की कोई भी डगर में, अपनों का साथ न छूटे
रिश्ते कैसे भी आये, उन्हे मैं ऐसे निभाऊं
कि उन रिश्तों की डोर, उम्र भर न छूटे।

मेरे दिल के दर्द चेहरे पर, सजाओ तो खबर कर देना
हम से हटकर किसी से, निकाह रचाओ तो खबर कर देना
हमारा क्या है, कब्र में लेट कर, जहर का घूंट पी लेंगे
अब तो रूह ही आयेगी शादी में, उसे रूख्सत कर देना।

अरे बेवफा, तुझ से तो, बददुआयें पायी हैं हमने जमाने में
तुझ से कब इस दिल ने, जफा और वफा पायी है
फिर भी करते है अर्ज खुदा से, सलामत रहे तू
तुमने तो सिर्फ बददुआयें देने की, कसम खायी है।

इश्क की राह में दो ही कदम चले, तुम साथ मेरे
उसके बाद कई हमसफर, कई हमराज, तुम्हारे बनते रहे
क्युंकि ऐसा जख्म, तुमने दिया था प्यार में
बाद में मेरे गम और अश्क ही, हमराज बनते रहे।

तुम्हारे गैरों से फसाने देख, कैसे साथ निभाता मै
इतना दिल टूटा, फिर फुर्सत न मिली, हमें कब्र से आने की
फिर भी इतना खुश था, जब याद किया था तूने मुझे
वक्त के साथ मजबूर था क्युंकि, उस वक्त अर्थी उठ गयी
थी तेरे दीवाने की।

क्या था वो नूरानी चेहरा देख जिसे, जग तेरा दीवाना हुआ
सूरत वो प्यारी उसपे जवानी न्यारी, देख दुश्मन तेरा जमाना
हुआ
लेकिन ऐ रब, तूने तो उसे बनाया था, सिर्फ मेरे लिये
दिल हमने तो तुझ से मांगा था, क्युं तुझ पे कुर्बां बेगाना हुआ।

खुदा करे जब तू मुस्कुराये, तेरे मुंह से मोती गिरे
जब तू अपनी जुल्फ लहराये, उसमें से सिर्फ हीरे गिरे
ये मौसम भी तुझे देखे तो, सिर्फ बिजली गिरे
किस खुदा ने बनाया है तुझे देख, खुदा भी आहें भरे।

देख कर ये नागिन जुल्फे कर दे न, दिल को घायल मेरे
ऊपर से आँखें तेरी, कहीं कर न दे बेवफा मुझे
डरता हूँ तकदीर से, इसीलिये कभी गौर से देखा न तुझे
आ देख ऊपर खिड़कियों से, परियां भी दे रही है दुआ मुझे।

हम तो आये इकरार करने, तुमने प्यार में सिर्फ इंतजार दिया
हमने तो मांगा था हाथ तुम्हारा, तुमने हमेशा इन्कार किया
अब ये दिल कैसे मान लेगा, ये तेरी दर्द मोहब्बत
जिस दिल ने सिर्फ, तेरे झूठे वादों पर ऐतबार किया।

न तो मेरा दिल बुरा था
न तो उसमें कोई बुराई थी
यह तो खेल था, नसीब का
लिखी किस्मत में, जुदाई थी।

मोहब्बत उसे कहते है
जिसमें बिछड़ जाने पर भी जिया जाये, तो कमाल हो
और बिछड़कर भी उनके काम आये, तो मिसाल हो
उसके आगे खुदा से मांगे ये दुआ, कि वो खुशहाल हो।

दिल हमने तो खुशहाल दिया था, तुमने दर्द दिल, दिया हम को
फिर भी हम, आपका शुक्रिया अदा करते हैं
अब दिल ही क्या चीज है, हम जां भी तुम पर फिजा करते हैं
चल कर ले अब वो बेगाने से निकाह, तेरी अब भी खुदा, खैर करे
अब हम तो तेरे बेवा बनने का भी, इस दिल में इंतजार करते हैं।

हमने तो हर मोड़ पर, खाये हैं, तुम से ढेरों जख्म
अब तो आदत सी हो गयी है, दिल को जख्म खाने की
अब तो साथ दो या, निकाल दो, हमें दिल से
इस दिल को तो, आदत सी पड़ गयी है, मुस्कुराने की।

मोहब्बत में वादें, उनसे निभाये नहीं गये
कभी हां कभी न के, ईरादे निभाये नहीं गये
हम तो सब कुछ, कुर्बान करके बैठे थे
दिल के फासले, उनसे मिटाये नहीं गये।

हमारी वफाओं में आपको, इश्क ही दिखेगा
हमारी ही वफाओं से आपको, इश्क की महक मिलेगी
अगर तुमने ठुकराया, इस दिल को बेवजह, तो
जिन्दगी भर हमारी ही, आँखें अश्क बहाते मिलेगी।

अगर बेवजह कभी जुदा हुए, तो तुम्हारी कसम
तो, जो बनाया है आशियाना दिल में, मिटा दूंगा मै
गर गैर के साथ उठी, तेरी डोली तो, देखना
इस फना इश्क की अपनी, अर्थी सजा लूंगा मै।

क्युं तेरे बेवफा इश्क के गम, उठाये जा रहा हूँ
क्युं मै अपनी ही बर्बादी का, जश्न मनायें जा रहा हूँ
कभी इस दिल से नहीं उतरी है, तेरी सूरत
क्युं अपने ही अश्कों से इस दिल से, तेरी तस्वीर मिटाये
जा रहा हूँ।

अपनी नाकाम मोहब्बत का, कभी किसी से जिक्र न कर
अब तो समझा दे टूटे दिल को, किसी से प्यार न कर
हर जगह ये इश्क की राह में, दिल को धोखे ही मिलेंगे
ये भोली सूरतों में होता है नागिनों का दिल, भुलकर इनका
कभी ऐतबार न कर।

आज भी पुरानी राहों पर, ये दिल याद करता है
निकल ही पड़ते हैं आँसू, दिल जब फरियाद करता है
खुद तो हो गये गैर के और कहते हो, भुला दो मुझ को
अब तो ख्वाब बनकर भी, मिलन को तरसता है।

कभी उसने भी हमें चाहत का, पैगाम लिखा था
कभी उसने सब कुछ, हमारे नाम लिखा था
सुना है आजकल तो, उन्हे हमारे नाम से भी नफरत है
जिसने दिल पर सिर्फ, हमारा ही नाम लिखा था।

जिन्दगी से हमने यह सवाल किया
तुम सब को कुछ न कुछ, दर्द क्युं देती हो
जिन्दगी ने इसका जवाब, हंसकर दिया
मैं तो सब को खुशी ही देती हूँ
पर एक की खुशी, दूसरे का दर्द बन जाती है।

यह तो मेरा पुराना यार था, आप उसी से पूछ लो
सगे मेरे क्युं पत्थर उठाके, मेरी गली में आ गये
सगे तो प्यार बेच देते हैं, मतलब के लिये
क्या हुआ ये दोस्त मुझे मिलने, तजिरों में आ गये।

ये प्यार के रास्ते में अक्सर, अपने ही गैर बन जाते हैं
जिनसे कभी मिले नहीं कभी, वो गैर ही अपने बन जाते हैं
जिसने ये रचा है, यह उसी की बातें हैं
और दिल तोड़ने वाले भी कभी, दिल के टुकड़े बन जाते हैं।

मेरी ही दिलबर देखो, गैरों से कुछ फरमा रही है

मेरे ही सर पर रखकर हाथ, झूठी कसम खा रही है

ये तो बात सच है, कि वो है वादों की बहुत झूठी

अब उनकी साजिशे आँखें तो देखो, मटक मटक कर आँखें
फिरा रही है।

देख लिया इश्क को और, देख लिया इसका दस्तूर

अब वक्त ने क्या आंधी ढाई, तू मुझ से दूर मै तुझ से दूर

कितनी रंजिशें और साजिशें सही है, दोनों के दिल ने

हर वक्त दिल की धड़कन सताती है, कि इसमें कोई दूसरा
न आये जरूर।

मोहब्बत की आवाज में, उन्होने जोरो से पुकारा

मेरा दिल तड़प उठा और बोला, ये हुस्न की आवाज है

फिर तो क्या था हम तो, खो गये वो ही आवाजों में

फिर ये नादां दिल बोला, यह आवाज नहीं, ये दिल ही कुछ
नाराजी का साज है।

अमर प्रेम में दिल से दिल रहे, कितने ही निरचित

ये दो दिलों के फासले, कभी हो नहीं सकते अलग

चाहे कभी नजरें न भी मिले, होंठ ना ही हिले

फिर भी दिल से दिल के संकेत, हमेशा है मिलते अलग।

खुशबू की तरह आपके पास, बिखर जाऊंगा
आपका सुकुन बनके दिल में उतर जाऊंगा
दिल से महसूस करने की, कोशिश कीजियेगा
दूर रहकर भी दिल के पास, नजर आऊंगा।

न मिले किसी का साथ, तो मुझे याद करना
अगर तन्हाई महसूस हो, तो सिर्फ एक फरियाद करना
आपको खुशियां बांटने के लिये, लाखों मिल जायेंगे
लेकिन जब गम का पहाड़ टूटे, तो मुझे याद करना।

मुद्दतों से जिसको, ख्वाबों में सोचा था
दुनिया के सारे दस्तूर तोड़कर, जिसे चाहा था
वो दिले नादान, तो हम से छूट गयी
अपने अब दिल को, यह हाल सुनाना था।

देख कर उनके गालों को, फूल भी जवानी मांगे
देख कर उसकी मस्त निगाहें, रातें भी नादानी मांगे
देख कर उसकी मस्त जवानी, मौजें भी रवानी मांगे
देख कर उसकी मस्त अदा, खुदा भी खुदाई मांगे।

उनके रूख्सतों में, रोने का आलम ऐसा था
हम तो आँसूओं के नशे में, उनके दर तक पहुंचे
लेकिन दो चार ही आँसू, वफादार थे
जो उनके, दामन तक पहुंचे।

यह दिल भी हमारा था, हर गम हमारा था

हमने ही अपने लहु से, अपना गुलशन संवारा था

इतने जुल्म सहे है हमने, इक आह न निकली दिल से

अब तो हम कहेंगे, हर गम तुम्हारा था, हर जुल्म भी तुम्हारा था।

उनको गैर के साथ, डोली में छोड़ आये हम

जमाने भर से बचाके, अपना दिल ले आये हम

अपने ही आइने में, उनका एक बाल आया तो, गजब हो गया

फिर से दिल में गहरी चोट आ गयी, फिर रह गया गम ही गम।

जिन्दगी की जायदाद, ले गया कोई

अश्कों का खजाना, दे गया कोई

फिर से मुट्ठी हमारी, खाली रह गयी

कस्मों की सौगात, दे गया कोई।

दोस्ती के मायने, हम से क्या पूछते हो

हम इससे, अलग नातों से अंजान है

सिर्फ आपसे गुजारिश है, न सताना हमें

क्युंकि सिर्फ तुम्हारी दोस्ती ही, हमारी जान है।

कभी कभी, युं ही चले आया करो

हमारे दिल की दहलिज पर ए दोस्त

दिल को अच्छा लगता है, युं तुम्हारा

हमारी तन्हाइयों में तुम्हारा दस्तक देना।

प्यार थोड़ा ही रखो, हम से जो निभ जाये
मेहबूब को भी इतना चाहो, कि वक्त गुजर जाये
प्यार भी अलग है इक, दिल की धड़कन सा
आगे क्या अंजाम है, खुदा का रास्ता न बदल जाये।

प्यार का होता है असर, सारी उम्र होने तक
यहां होता है क्या हासिल, वक्त के बदलने तक
होती है इसमे, आशिकी, बेरूखी, आहें, बेताब
सिर्फ दिल को संभाल के रखना, खूने जिगर होने तक।

प्यार का ये खेल, आजमा तो सही
मरता है उसपर तो, उससे नजरें मिला तो सही
तुझे भी मिल जायेगा, ये जिन्दगी का नया रूप
उस मेहबूब से फरेब, रवा तो सही।

हमें आपसे शिकायत नहीं, कि दिल को तुमने बर्बाद किया
सिर्फ खेद तो इसी बात का है, बहुत देर बाद बर्बाद किया
अब तो यही सोचते हैं, कि कोई नये चेहरे को निखारा जाये
क्युं न अब इस दिल के लिये, खूबसूरत चान्द उभारा जाये।

कोई उनसे कह दे, उनको चाहने वाले हम भी हैं
लगे है लाखों के तीर उन पर, उनमें हम भी हैं
कहां है चैन इस दिल को, अब तो बेचैन हम ही हैं
कर लो न इश्क का वादा हम से, वादा ख्वार हम भी हैं।

इश्क में अगर डूबना है, तो सुकुन से डूब
तुम्हारे आसपास की गलियों को, पता न चले
अब आगे क्या लिखा है, खुदा ने उदास हाथों से
कही उसे भुलाने के लिये, तुम्हे जमाना न लगे।

इश्क करके हमने सिया है होंठों को, इस तरह
इश्क में मिसाल दी है, तो उन्होने हमारी ही मिसाल दी
हुआ कुछ गजब सा उसने, दुश्मनी मोहब्बत में ढाल दी
थोड़ा सा खेला उसने दिल से, फिर मेरी मोहब्बत ही उछाल दी।

जब तक वो साथ थी, ऊपर वाला भी मेहेरबां था
अब तो उसने कर ली है, बगावतें कैसी कैसी
अजीब सा था चेहरा उसका, गजब सी थी आँखें
अब तो बूझ सी गयी है वो सूरत, हरकतें भी करती है बेवा जैसी।

वफा का क्या दामन टूटा, अब तो जाग जाग कर रात कटी है
ऐसे बेवफाओं से, कभी न दिल लगाकर देखो
अब तो सारी रातें है काली, अब क्या दीप जलाकर देखो
कभी मत करो ये बेवफाओं से प्यार, न धोखा खाकर देखो।

ये तो जिन्दगी अश्कों में, न ढल जाये कहीं
तकदीर ने तोड़ा तो क्या, तू इक बार मुस्कुरा तो सही
कहीं हम दोनो न हो जाये, जिन्दगी से खफा युंही
चल आ, पी ले दो घूंट साथ मेरे, इश्क में लड़खड़ा तो सही।

अपनी तो मन्जिलें नजदीक थी, अब तो दूर हो गयी
अपने प्यार में बेबस, प्यार की जंजिर हो गयी
ऐसे बिछड़े राह से, जैसे की राह में दरार हो गयी
अरस बीतते बीतते, ये सब जिन्दगी खाक हो गयी।

इश्क में वादा उतना ही करो, जितना निभा सको
ख्वाब जो पूरा न हो, न दिखाया करो
ये दिल के आलम में, और कोई रिश्ता न रखो
दिल भी लगाना हो तो पूरा निभाना, कहीं आँखों के अश्क
की तरह गिरा न सको।

आखरी वादा था, उसका रात में मिलने का
वादा करके, उसका काम था आने का
हमारी आँखों में था दम रूका, उनके लिये जरूर
आखिर कब तक तरसेंगी आँखें, ये जुल्म का नजारा देखने
मेरे हुजूर।

उनकी बेरूखी के हमारे लबों पर, आह के आँसू मचल गये
मोहब्बतों के सारे अश्क, आह से ढल गये
जो दिल में थे वो, तो तेरे ही गम के चिराग थे
वो कभी बूझ गये, वो कभी जल गये।

हमारे दिल की दीवारें कमजोर है, ठोकर न लगाना मुझ को
दिल में बसाकर हम को, नजरों से न गिराना मुझ को
हमारी आँखों में तुम्हारी आँखों को, तसव्वर की तरह रखता हूँ मै
हमारे दिल को तुम्हारे दिल की धड़कन में, तुम भी बसाना
मुझ को।

वफा से बेवफा बन गयी तू, अब गिला किस से करें
दिल को दर्द जो तूने दिया ये, शिकवा किस से करें
जिन्दगी तो टूट गयी, आइने की तरह
अब से अपनी तबाही का, रोना किस से करें।

वो प्यार में गुजरा जमाना, हमें अब याद आता है
क्या तुम्हे भी कोई वफा का, दुश्मन याद आता है
यूं तो इश्क में अपनों की, मनाई बहुत थी
क्या आज भी तुम्हे कोई, हमदर्द दीवाना याद आता है।

सिर्फ इक दिन तू, मेरी दर्द मोहब्बत सुन ले
यह मेरे टूटे दिल की, फरियाद सुन ले
इक बार मेरे मजबूर, खयालों को मौका दे दे
कैसे कैसे पिया है गमों का प्याला, आखरी बार सुन ले।

हम तो पाकर तुम्हे कहते थे, तुम्हे प्यार की जमानत
पता नहीं क्या चली हवा, तुम हुए गैर की अमानत
क्या कहे किसी से, किसी से अब कुछ गिला नहीं है
लगता है कुछ ऐसे, नसीब में ही वफा नहीं है।

ये इश्के मोहब्बत के बाजार में

कभी किसी को, लैला दिखाई दे न दे

हम तो आँखों में ऐसे, कितने खिताब रखते हैं

हमें देख इसीलिये तो सभी गुलबदन, रूख पे नकाब जरूर रखते हैं।

उसकी तस्वीर को, आँखों से लगाता क्या है

एक नजर उसकी भी तरफ देख, तेरा जाता क्या है

उसकी रुसवाई में तू भी, बराबरी का है शरीक

तेरे ही किस्से, तेरे यारों को सुनाता क्या है।

इश्क में जो नेकियां दिखाई थी, वो आज शर्माये है मुझ से

इतनी वफायें दिखाई थी तुझे, वो आज शर्माये है मुझ से

क्या बतायें ये इश्क की, तासीरें सभी उलटी थी

जितना मैं दूर जाना चाहता हूँ तुझ से, ये बेवफाई नहीं छूटती है मुझ से।

हमसफर थे तुम मेरे पर, आज क्युं गैर हो

हम तो कहते हैं, रखो अपने मिजाज ढंग के, आगे न खैर हो

न जाने क्या क्या सितम छुपाकर रखे है, मेरे दिलबर के पास

प्यार में तू ही तन्हा कातिल रहा, रहा न कोई तेरे पास।

मतलबी सा प्यार था तुम्हारा, कब बसाया तुमने आँखों में
फिर सोचा, चलो ख्वाबों में ही, बसा लो हमें आँखों में
चलो अब वफा या बेवफा का, रंग दे दो आँखों में
चलो कुछ बूझ जाओ कुछ जल जाओ, कुछ तो बसो अब
आँखों में।

हमारे हर लफ्ज प्यार के देते थे, रौशनी आपको
सिर्फ हमारा दिल का दीया तो था, बाकी जलाने को
ये हमारा अश्रु देख कर, दिल में तेरे न चिंगारी भड़की
ये प्यार में हमारे दफन होने की, कौन खबर देता जमाने को।

सुनकर हमारी वफाई की बातें, तुम कितने मजबूर हो गये
प्यार की यह अनकही बातें सुनकर, तुम खामोश हो गये
हमने जब सुनी तुम्हारी, मजबूरी में हंसने की बातें
हमने भी सोचा चलो अब, ये दिल के खिलौने टूट गये।

हमने भी मजबूरी में न देखी, थकन, दुखन, न कोई चूभन
सिर्फ तेरी खुशबू के लिये, काट लिया ये सफर जैसा भी है
हम तो सिर्फ मजबूर थे, तेरी मोहब्बत के लिये
सोचते है आज हम प्यार में थे बेहुनर, चलो अब बेवफाई का
सफर जैसा भी है।

प्यार की अनचाही कुर्बानी के बाद, सामना करना था
मुसीबतों का
हमने भी चाहा था, कि हम भी अपना सर उछाले चाहतों का
फिर सोचा, ये तो सपना था, अनचाहे इश्क का
हमारे ही दिल के समन्दर को तोड़कर, वो दरिया ही रूख
बदलना चाहता था, चाहतों का।

किसने कर दी ये नफरतें, क्या दिल में तेरे लावा उबल रहा
है क्या
किसने रची थी साजिशें, क्या कोई सर में तेरे तूफान टल
रहा है क्या
क्युं इतने आतुर हो गये, ये इश्क के सफर में
क्या कोई गैर तेरे हाथों में, हिना मल रहा है क्या।

काश, हमारा ये दिल भी, तेरी ही तरह पराया होता
तेरे जैसा कोई और भी, इसमें समाया होता
हम भी तेरी तरह हर वक्त, किसी पर सितम ढाते
खड़ी कर देते इतनी दीवारें, न उसमें तेरा कोई साया होता।

इस जख्मी दिले के जब, जख्म भरने लगते हैं
खुदा कसम हम तेरे ही, सितम पर मरने लगते हैं
आज तो हर गैर हमें, फरिश्ता नजर आने लगता है
अब तो गैर तुझ से अच्छे है, यह सोच आँसू निकलने लगते हैं।

अब तो क्या है दोनो जहान से, हम मोहब्बत हारे हैं
ऐ परवर दिगार अब तो, हम महकदों के मारे हैं
हम को तो तेरी दुनिया ने, बीमार सा कर दिया
ऐसा न फूटे किसी का नसीब, हम बेखुदी के मारे हैं।

जहां मिलते थे हम कभी, आज वहां छाई है उदासी ऐसी
प्यार के वही जगह से, मेरा जनाजा उठा है जैसे
ये प्यार का खौफ फिजाओं में, तूने फैलाया है कैसे
ये प्यार का दुख चेहरे पर, छाया हो जैसे।

आज भी खुले हुए है, तेरे लिये प्यार के रास्ते
कहीं किसी वक्त बंद न कर दूं दरवाजे, अभी तो लौट आ
कहीं मिट्टी में न मिला दूं ये प्यार, अभी तो लौट आ
न जाने किस किस ने लूटा है मुझे, अब तो लौट आ।

नाखुश ये जिन्दगी में, न है राहों की खबर, न अपनों का पता
जैसे तबाह कर दिया तेरे प्यार की आंधी ने, दाग जितने थे
हमने आपसे कहा था, काट लेंगे ये लम्हे जैसे भी हो
पर बूझा दिये तेरे प्यार की आंधी ने, चिराग जितने थे।

आज तो वही है नसीब में, वो ही बुतखाना, वो ही तस्वीरें
तेरे प्यार के खातिर कोई और, सूरत नयी न देख सका
तेरे ही खातिर हुआ था, पूरे शहर में बदनाम
अपनी ही खाक के आगे, न कुछ देख सका।

दगा ही देनी है, तो वफा का नाम कोई न लेगा जमाने में यारों
हम तो इतने वफादार थे, फिर भी दिल को मात हो गयी यारों
हमें तो इतना नाज था, हमारे हमसफर पर यारों
हमारे जैसे अहले दिल को भी, मात देगी यारों।

हमें तो अलग सी थकान है, कहां है ताजगी का फर्मान
आशिक हमारा हम से सारी उमंगे ले गया, पर हौसले दे गया
प्यार के सफर में इतना हंसाया हमें, फिर रोना दे गया
आज फिर पोंछकर प्यार के आँसू, अपने निकाह का न्योता
दे गया।

उनकी ही वफाओं से, किसी और से नाता न जोड़ सके
उनके ही सिवा, किसी और से मोहब्बत न कर सके
हमने तो दिल की दीवारों को, मजबूत बनाया था लेकिन
उन्होने बेवफाई की इतनी, उनके बाद किसी से नाता न जोड़
सके।

दिल तो हमारा देखता है, बाहर की फिजायें
फिर भी दिल में आग लगाती है, ये बरसाती हवायें
चलो इस आग को, सीने में बसा ही लेते हैं
अब तो तेरी सांसों से मेरी सांसें, सीखेगी ये मस्त शौख
अदायें।

आज कोई नहीं बचा तेरा, हर कदम देखने वाला
तूने तो दी है दिलों को शिकस्त, अब कौन है तेरा करम
देखने वाला
खुदा करे तू भी ऐसे रोये रोज शाम, तुझे भी कोई न मिले
रहम वाला
ऐसे टूटे तेरे सारे भ्रम, तझे नकार देगा वो कब्र वाला।

भर जवानी में क्या, तूने मुझ पे निगाहें डाल दी
आधी जवानी खाया धोखा, आधी तेरे फरेबों में डाल दी
जीतनी थी दौलत, कुछ तुझ पर कुछ रकिबों में उछाल दी
अब तो लगा लिया है मौत को गले, और जिन्दगी जो रही
वो भी टाल दी।

आखरी दौर में पढ़ रहे हो, वो खत पर नाम किसका था
हमारा कत्ल तो करते रहे हर वक्त, और कहते हो न जाने
ये पैगाम किसका था
चलो आज आपसे पूछ लेते है, हर वक्त होंठों पर नाम
किसका था
मुकीम रहे हर वक्त दिल पर, अब बताओ, वो मुकाम
किसका था।

उनकी हर अदा पर, लिपटी रही आँखें मेरी
तुमने तो मुड़कर न देखा, कि वफा किसकी थी
तेरी दीवार पर तो, हर वक्त साया मेरा था
दे गयी तू दिल को सजा, अब बता वो खता किसकी थी।

विरान सी जिन्दगी में सहते सहते, घर की दीवारें मेरे जाने पर
मुझे देख देख कर आखिर, मेरी तन्हाइयों को सोचेगी
तूने जो खुशबूयें छोड़ी थी, विराने घर में अर्सा पहले
उन अर्सों के राज, किसी अजनबियों से खोलेगी।

तुम्हारे साथ जो बीती थी, वो कुछ जहां था पहले
फिर दुनिया ही पलटी, मेरे दिल का हाल कहां था पहले
तूने तो बसा ही ली, अनोखी जिन्दगी है अपनी
इस कदर ये दर्दे जहां, हमारा कहां था पहले।

फासला और फैसला तो है तुझ पर, कि तूने किधर जाना चाहिए
जो था इतना पुराना दरमियां, क्या वो पानी सर से गुजर
जाना चाहिए
क्या तोहमतें लगाके, किसी के मां बाप पर
और दाद लेकर उनके दुश्मनों से, गैरों पर मर जाना चाहिए।

हमारी रूख्सतों से सूखे पत्तों पर भी, तेरा धड़कता है दिल
तुझे तेरी रंगीलियों में भी, खामोशी ही सुनाई देगी
तेरे ही घर के आइने में, हमारा ही साया दिखाई देगा
कितनी भी रोशनी में चमके तू, पर अंधेरों में तेरा ही गम
साया तुझे वफाई देगा।

कहां गयी वो वफा, जिससे जिन्दा थे तेरे अहसास
आज तू ही देख तेरी हरकतों से, ये इश्काई भी गयी
हर वक्त तो हमारे, साये तेरे साथ थे
पर अब तो तू देख, तेरे साथ रात की रुसवाई भी गयी।

अर्से से किया था प्यार, तुम्हे जिन्दगी की तरह

मुद्दतों बाद वो मिली, हमें अजनबी की तरह

इतनी बढ़ा के नजदीकियां, उसने साथ छोड़ दिया

अब तो छिप रही है, हम से इक बदली की तरह।

जिन्दगी के हर दिन तो गुजरे हैं, उलझनों के साथ

सिर्फ रातों की तन्हाइयों में, तेरी ही खुशबू लहराई

हर खयालों में हर वक्त, कई मोड़ आये

तेरे लहजे में जो दिन रात काम किये, थकान में तेरी ही याद आयी।

जिन्दगी में साथ तो आये, अचानक कहां खो गये गुमनाम होकर

तुम्हारे न कभी कहीं से, कोई पयाम आ रहे हैं

न तो कभी कहीं से, कोई तुम्हारे सलाम आ रहे हैं

हमें न तो कोई है दावत कहीं से, सिर्फ इश्के गम खा रहे हैं, इश्क करके आप हम सिर्फ पछता रहे हैं।

जब हम पहली बार गले मिले थे, तेरे सांसों की ताजा हवा आ रही थी

न जाने कौन कौन सी, निगाहें घूर रही थी

आप इतने कदम साथ चल चलकर, क्युं रूक गये

परेशां थे आज इतने सपने दिखाकर, क्युं हम से खुद को मांग रही थी।

छुपाकर रखा था प्यार, न कहा किसी से तेरे फसाने को
हम तो हैरान हुए, कैसे खबर लग गयी जमाने को
हमने तो सोचा था, कि गैर की दहलिज में तुम न जाओगे
अगर तू बेवफा है तो, यहीं छोड़ देता हूँ तेरे जमाने को।

क्या थी मजबूरी, कि आँख के खुश्क हो गये तेरे आँसू
क्या तेरे दिल में इस दिल के लिये, प्यार का कतरा भी नही
मेरा था कौन सा जुल्म, जो तुझ से बेइन्तहा प्यार किया
तू क्युं इस कदर तंग हो गयी, तेरी जमीं में हमारे लिये
दिल में इक टुकड़ा भी नही।

दिया था दिल जिसे, आज वो इक सितमगर निकला
हमारे दिल के आइने को तोड़ा, तो इक पत्थर निकला
तुम्हारी ही याद में, सितमगर ये दिल सरे आम बूझा
तू मेरा कभी ख्वाब न था, इसीलिये मेरी नींद से तू बाहर
निकला।

आज तेरी तरह, कांटों के पिंजड़े में बंद नहीं है हम
तेरी तरह बर्बाद, मुकद्दर में बंद नहीं है हम
अहसास हमें दिलफरोशी का, कुछ भी नही
अपना ही इक गुलिस्तान है, बेहया नहीं है हम।

जिन्दगी में जो कुछ दिन, तेरे साथ गुजारे थे
वो दिनों का अहसास, आज मेरे पास नही
हमें तो डर है, तेरी जुस्तजुं न मर जाये
आज हमारे मिजाज को, तेरी बेबसी रास नही।

मेरी कब्र पर तुम आके चले गये, न दुआ न सलाम
हमें गुजर जाने में क्या देर हुई, क्या हो गया तेरे जमाने को
तुमने तो रोज रोज, है मारा हम को
मुझे तो छोड़ा है कबर में, गैर को दे दिया मेरे आशियाने को।

अब न पसंद आयेगा, हमें विराना दिल तेरा
हमारे दिल के गम ने कहा है, इसे दिल से खाली कर दूं
हमारी जो मोहब्बत थी, वो कोई फेंकने की चीज नहीं थी
बस अब सुन ऐ बेवफा, अब मै तुझ से अपना दर ही खाली
कर दूं।

आज तो कहते है रब से, कि वो मुकाम आये
गर किसी गैर का नाम लूं, तो मीना तेरा ही नाम आये
मेरे निगाहों में दिल की रानी, सिर्फ तुम हो
कभी भी तुझ पर नजरें उठे, और तेरा ही सलाम आये।

हमारी वादी में यकायक, रहने आयी थी
हसीन और इक खूबसूरत, नजारा बनकर
हमारे तो दिल में, छा गयी थी वो
एक चमकती हुई, जहां का तारा बनकर।

उस हसीना ने, आज लहरा दिया आंचल,
जैसे आसमां से, निखर कर आ गया कोई
चमन में हमने देखा, खिले थे फूल ही फूल
हमारे विराने दिल में, शौक भर गया कोई।

हमने तो सोचा था, प्यार में कुछ दिन दूरी बनायें
दिल में थे अरमान, कि इससे तड़प बढ़ जायेगी
चाहत भी चाहतों में, कुछ गुल खिलायेगी
पर किसे था पता, कि वो गैर की हो जायेगी।

तेरी तकदीर तुझ से फिरेगी, तो किधर जायेगी
तू उसे जहां ले जायेगा, वो उधर जायेगी
ये दुनिया के दस्तूरों से, न घबराना दोस्त
तू इसे जैसे गुजारेगा, गुजर जायेगी।

बहुत मुश्किलों से, इक बला से पीछा छूटा
तेरे बीते अफसानों ने, आकर हमें लूटा
हम तो थे परेशां, यह सब नहीं होना था
दिल को तो लगता है, जैसे कोई पुराना छाला फूटा।

तेरी जिन्दगी के उस पार, जिन्दगी के, उदास लम्हें छोड़ आऊं
अगर तुम साथ दो तो, सारी तन्हाइयां भी छोड़ आऊं
आजकल तो जी रहा हूँ, उठाये फिरता हूँ जिन्दा लाश अपनी
मुझे भी जिद है, कि तेरे दिल में फिर से उभर जाऊं।

दिल तो कहता है, तू जिसको समझता है, इक बहार है
दूसरों की निगाहों में वो, मौसम है इक खिजा का
मुझे लगता है जिसे तू चाहता है वो, जमीं है और जहां की
कभी न समझ उसको, कि वो पलक है तेरे जहां की।

वो खूबसूरत अदा, वो नागिनी जुल्फें, हाथ लग जायें कभी
देखो न आँख भर के, इस तरफ कभी
वो गुलों की रंगत, वो नशीलें होंठ, जो बख्शे है वो परियों में है
ये तो खुदा को भी न मालुम, जो नशा तेरी नजर में है।

इश्क में इन्सान को, इश्क का सलीका नहीं आता
जीना तो बड़ी चीज है, मरना नहीं आता
करता है वही झूठे वादे, खाता है झूठी कसमें पर
अपने दिल के दर्द देकर, दर्द लेना नहीं आता।

प्यार में पहुंचे थे करीब, पर घबराकर रह गये
दिल ने चाहा करे सवाल, पर शरमाकर रह गये
जब गैर से उनका रूका हुआ, थर्रा कर रह गये
चादर गमों की ओढ़ कर, सरका कर रह गये।

आपको तो मिल गयी, खुशियां सारे जमाने की
लेकिन आप हमारी, हर खुशी को मार गये
इश्क में तो हम जीती हुई, बाजी हार गये
और आप हारी बाजी भी, जीत गये।

नाकामयाबी की, अपनी ही रूह को
अपनी ही दर्दो से, उठाया है हमने
यही तो दर्द दास्तान, थी हमारी
जिन्दगी को यही, समझाया है हमने।

प्यार में अगर मिलना आसान नही, तो सरल भी नही
इसमें तमाम है मुश्किलें, पर कुछ मुश्किल भी नही
बिना प्यार के उम्र भी तो, यहां कटती नही
यहां जो दीवार बनायी है दीदार में, वो भी मिटती नही।

पहली ही मुलाकात में, दिल हम आपको दे बैठे
कहां था हुनर हम को, आपके हुस्न के तकाजों का
अब तो ये दिल हमारा ठहरता नहीं है, बिना देखे तुम्हे
अब तो जिन्दगी चलती है ऐसी, जैसे चलना है दरिया का।

आज तो लगता है इश्क से, अन्त ही है मुक़द्दर मेरा
आपने इश्क में कर दिया तन्हा, दिल को जब से
हमारे नाजुक से दिल को ठुकराया, इतनी वफा के बाद
अब तो रास्ता ही बदल दिया, जीने का तब से।

आज तो तेरे ही लोग, मेरी हस्ती मिटाने लगे हैं
कैसी होगी बर्बादी मेरी, सब को सुनाने लगे हैं
यह जानता है हमारा दिल, ये तेरे ही गिलें हैं
इसीलिये तो हम सब से इश्क अपना, छुपाने लगे हैं।

इश्क के खातिर सब कुछ छोड़ दिया, आपके एक इशारे पर
हर इक को दिया है छोड़, साथ तेरा निभाने पर
क्या मालूम आगे तू साथ देगी, या छोड़ देगी
थक कर जिन्दगी में बैठा हूँ, नांव के इक किनारे पर।

आपके कभी हां कभी ना में, यह प्यार दिखा ही नहीं
कहां दिखे है ये प्यार के, दो वादों के पल मुझ को
तेरे ही इंतजार में, मै भटका इक दीवाने जैसा
आज न जाने कहां भटका कर, ले आयी है तकदीर मुझ को।

क्यूं छोड़ते हो साथ मेरा, इतने दूर आकर
मेरा वादा है तुम ऐसा करके, उम्र भर पछताओगे
जब सुनोगे, मेरी भी ना तुम गैरों से
जिन्दगी भर यूं ही, आँखों से अश्क बहाओगे।

रिश्ता सभी से छोड़ दिया, अब कहां करू फरियाद
तुम्हे ही बनाया था जिन्दगी का आइना, तुमने किया बर्बाद
आगे दुआ करता हूँ मै, कभी न आना याद
घर तू अपना बसा ही लेना, कर लेना गैर के साथ आबाद।

हर वक्त हमें इश्क में तुझ से क्या मिला, सिर्फ इंतजार
हर वक्त हम को हां और ना का दिया चक्कर, और इकरार
की जगह मिला इन्कार
हम कैसे भूलेंगे, तुझे इतने जुल्मों के बाद
समझ न आया इस दिल को, क्यूं किया तुम पर ऐतबार।

ये इश्के जवानी में हमने, कई हसीनाओं की मुलाकात देखी है
हर इक हसीना में, कुछ न कुछ नई बात देखी है
इनमे से कई मिली, जिसने अपना ही मतलब बताया
मगर तुम्हारी निगाहों में, इक अलग ही चाहत देखी है।

क्या हो गया ये तकदीर के साथ, ये नई ठोकरें खाने के बाद
तेरी याद हर वक्त आयी, तुझे खोने के बाद
लम्हें इतने बढ़ गये, तू हाथ से निकल गयी और मै कहीं
का न रहा
अहसास तो प्यार का अब तक रहा, तेरे जुदा होने के बाद।

कितनी मुलाकातें करते हो, कहां हमें प्यार का वास्ता देते हो
हमें तो लगता है, अब कुछ नहीं रहा झूठे वादों में
अब लगता है दिल को, कि तुमने खाक कर दिया आशिकी को
हम आज गैरों पर कर लेंगे भरोसा, कुछ न रहा तुम्हारे झूठे
दिलासों में।

सभी ने संगदिल कहा था, उस बेवफा को
पर न जाने, कैसे उनसे प्यार हुआ
जो भी मिला था उनसे, उनको काफीर ही कहा
न जाने क्युं वो हमसफर ही कैसे, हमारा हमराज हुआ।

प्यार में उनसे, उनमें प्यार की एक उदासी देखी
उनकी इश्क की चाहत, कुछ अलग इजहार करती है
होंठ उनके, कुछ अलग खामोश ही सही
मगर उनकी आँखों की चाहत हमें, बेकरार करती है।

प्यार में अक्सर, यह जिन्दगी काफीर बनती है
अक्सर प्यार में, दगा खाने के बाद
जिन्दगी भर आँखें, खुली ही रह जाती हैं
मोहब्बतों में अक्सर, दगा खाने के बाद।

हमने तो यारों से सुना था, आपको नींद नहीं आती नये रिश्ते के बाद

हमें कैसे चैन आयेगा, यह सब सहने के बाद

आज आप ही सोचें, कैसा मंजर आ गया है दोनो के साथ

लगता तो है, यही दर्द तड़पायेगा, दिन रात जिन्दा रहने के बाद।

हम तो इश्क में तेरे साथ, और किसी को गंवारा नहीं करते

मरते हैं सिर्फ आप पर, तुम्हारी और कोई तमन्ना कहीं करते

बस सोचते हैं इस दिल में और कोई शिकायत न रह जाये

बुरा लगता है, आप सुन लेते हो सब कुछ, पर कभी जिक्र हमारा नहीं करते।

हमारे होने में आपको क्युं है हम से रुसवाई

चलो अपनी इक मन्जिल नहीं, पर चलो एक रास्ते तो सही

हम तो आपके ही आशिक हैं चलो आपके दिल में और ही कोई सही

चलो कुछ आपस में नहीं, पर चलो हम से गफलत ही सही।

महफिल में तो आप, पर्दा किये बैठे हैं

हम चाहते हैं कि सिर्फ, आपका दीदार हो जाये

आपके सामने ही बैठे हैं, हम चाहने वाले

फिर उसके बाद चाहे, ये नजर बेकार हो जाये।

आपकी वो मत वाली नजरों से, दिल में लाखों सवाल थे
लेकिन आपकी वहीं नजरें देख, आज तक सोचते रहे
हमारे जज्बाते दिल में, आज तक तुम ही छाई रही
फिर क्युं हम वो, हासिलें वफा को तरसते रहें।

आपके वादे क्युं प्यार में, गलत ही बनते रहे
इसमें न जाने आप क्या कर रहे थे, और हम क्या करते रहे
हम ये भी जानते हैं, कि दिल में आपके न कुछ फरेब था
फिर क्युं हमारी कश्तियों को, यह तूफान टकराते रहे।

आप एक जमाने से हम से रूठे हो, अब आपको मनायें कैसे
आप ही कुछ ऐसा करो, कि ये रूठी तकदीर को मनायें कैसे
प्यार में रूठ जाना, हम मानते है, हसीनों की आदत है
इतनी बदलियों में खो गया था मेरा चान्द, आज उसे दिल
से लगाये कैसे।

हमारी दीवानगी ने ही, इतना किया रुसवा मुझ को
यह जमाना ही पूछता था, बताओ, वो तुम्हारी क्युं नही
हमने भी बहुत सोचा था, परखा था, जमाने वालों को
फिर ये दिल ही कह बैठा कि वो पगली, तेरी दीवानगी कभी
समझी ही नही।

मोहब्बत में नाकाम मरीज के गम सुनकर, सुनने वालों ने उसका देखा है हाल

देख कर उसे, सभी दुआ देने लगे बेहाल

जब सुनाये उसने, सभी प्यार के गम, सबने होश खो दिये

हमने भी कोशिशें की समझाने की, पर समझाते समझाते, हम खुद भी रो दिये।

जिन्दगी में जरूरी है सफा दिल, वफा और ईमान होना

इन्सानियत इसी को कहते है, अगर है उसे इन्सां होना

अगर आप देखिये तो क्या है, ये मिट्टी के धूल में

रख ले ये नेकियां साथ, बाद में तो खाक ही है इन्सां होना।

मुद्दतों से दिल को हमारी, यही आरजू थी सनम

तुम्हारे बदकिस्मती के सारे गम, हमें मिल जाये

आपको फिर से मिल जाये, हमारे बाजूओं में जगह

हमारी गत खाती कश्ती को, किनारा मिल जाये।

हमें तो शिकायत है हमारे दिल से, हमें इस दिल की जल्दबाजी ने मारा

नहीं तमन्ना थी तुम्हें तड़पाने की, हमें इस दिल ने बेवफाई से मारा

आज हम समझते है, कि क्या होती है वफाई

अब क्या करें उस खुदा से अर्ज, हमें तो हमारी ही दिले खतिशाई ने मारा।

हम तुम से कई बार मिलने को तरसे, पर तुम कभी नहीं आये
फिर भी दिल को ये समझाया, तुम न भी आये तो क्या, गम
तुम तो दिल में समाये
आज भी हमारे दिल में कोई शिकवा नही, तेरी बेवफाई का
गिला तो उस बात का रहा, तुम तो गैर के दिल में नहीं समाये।

आज फिर चाहा था, हमारे फटे दिल ने तुझे भुलाना
पर हजारों इशारों की तस्वीरों ने, फिर वफा दिखा दी
फिर कहा दिल ने तुम देखते हो, हमे दुश्मनों की तरह पर
देखते तो हो
चलो फिर नसीबों ने कहा, चलो फिर बेवफा ने कुछ वफा
दिखा दी।

मत करो कोई बात खंजर से, न तलवार से पूछो
कत्ल तो मेरा कैसे हुआ, ये मेरे दिलदार से पूछो
इल्जाम तो हम पर यह था, क्युं न आये उस शाम
बिना बुलाये हजारों बार आये, फिर सिर्फ इक खता की क्युं
दी सजा ये उनसे पूछो।

तुम्हारा चान्द तुम्हे झील में नजर आये, ये थी हसरत उनकी
सालों से आँख लगाये बैठे हैं, झील में की नजर आये तस्वीर
उनकी
हमारा वादा है खुद से, ऐसी ही तड़पेगी वो हमें मिलने को
ठहरे हुए चान्द की तरह, मोहब्बत उनकी।

यह तो उसुल है इश्क का, कि सबब जिसको वफा का याद होगा
इश्क के रंगीन सफर में, वो ही बरबाद होगा
जरजरे से बर्बाद शहर, फिर से बस जायेगा
लेकिन, आशिकी में आशिक का घर, कभी आबाद न होगा।

लगता है ये प्यार की दास्तां, युं ही खत्म हो जायेगी
धीरे धीरे इस दिल से, तेरी याद भी खो जायेगी
तूने कुछ सिक्के के लिये, जब से थामा है गैर का दामन
हमारी रातें युं ही, अश्कों में गुजर जायेगी।

यही है दस्तूर जिन्दगी का, कि बेवफा होते हैं शाख के पत्ते
कितना भी चाहों उनको, शाख से तो बिछड़ते हैं
इसी तरह यह इश्क की, अन्जान राहों पर
यह प्यार के राही, अपनी मजबूरियों पर वादा तोड़ते हैं।

प्यार का रिश्ता शुरू में हल्का, बाद में भारी बन जाता है
शुरू में मुसीबत लगता है, बाद में सहारा बन जाता है
इन्सान तो बेफिक्र बन जाता है, सब हासिल होने के बाद
आखिर में क्या है, वो दीवार पर तस्वीर बनकर रंग जाता है।

खायी थी ठोकरें इश्क में, फिर रहे खामोश हम
लोग युं ही खजाना तो इश्क है, कहकर कहकशे लगाने लगे।
यारों कुछ नहीं आता है, हाथ इस राह में
रिश्तेदार तो युं ही, नाकाम इश्क पर चहचहाने लगे।

कितना भी तड़पे तू, असर इसका उनको कभी नहीं होता
ये प्यार का नशा, कभी राहत फिजा नहीं होता
उनको बार बार, बेवफा कहने का क्या फायदा
इनसे इक बार कर लो थोड़ी सी बेवफाई, फिर तो वादा वफा
कभी नहीं होता।

विराने दिलों में तो बेदर्द शामें तो ढलती हैं, बेवफाओं के दीयें
भी जलते हैं
लेकिन दिल को सताने, पुरानी यादें याद आ ही जाती है
ये देख कर आग का धुंआ, दिल में जलन छा ही जाती है
भारी हुए दिमाग को सताने, कोई पुरानी कहानी छा ही
जाती है।

हमें तो जिन्दगी में हमारे दिल को, वो बेवफा मिल गया
हमारा दिलबर तो गया हमें छोड़कर, पर दिल हमारा हम को
वापस दे गया
अब तो वो बेगाना वार, ऐसे गुजरते है करीब से
जैसे उलझी जमीन से कभी, उजड़ा आसमां खो गया।

आप क्युं खुद की ही नजरों से, खुद में समाये जाते हो
क्या हमारे सामने सजने आते हो, या संवरने आते हो
तो क्युं वो अपना चेहरा देखते है, हमारे दिल में वो
और छूपते है हमी से, कि कोई उन्हे देखता न हो।

अचानक ही उठ गये, सारे ही कब्र में सोये वाले
कि कौन हसीं ने ली, ये कब्र से अंगड़ाई है
चलो खुदा का खैर है, ये कौन सी हसीं यहा आयी है
जमीं पर तो फना हो गये, उन्हें बेपर्दा करते क्या बर्कते मौत
हमने पायी है।

तुम्हारे दिये गमों को हम, कैसे आँसूओं में बहा दे
बहुत मुश्किलों से तो, यह दौलत हमने पायी है
न जाने हमारे गम की, न जाने किसने शिकायत की है
यह तो हमारे दिल की बात, तो दिल की ही की है।

मोहब्बत तो इक दलदल है, और दिल की राहत है
बेखुदी तो इक वहम भी है, और चाहत भी है
इश्क तो इक जुर्म सा है, मेरे लिये
फिर भी टूटे हुए दिल को, इश्क से ही प्यार है।

मां बाप ने सीने से लगाया, पर तेरा दिल उनका न हो पाया
गैर ने क्या छापी तुझ पे निगाह, तेरे दिल ने उन्हे ही तड़पाया
अरे दिल तोड़ने वाले सुन, अभी भी तेरे दो कार्य बाकी है
एक तेरे लालच की गठड़ी अटकी है, दो उनके सांसों की डोर
बाकी है।

आपको पाकर कैसे संभालू, यकिनन अक्ल नहीं है मुझे
ये दिल्लगी, वादे शिकवे क्या है, ये खबर नहीं है मुझे
ये तो मेरा दिल ही जानता है, कि तू दिल के कितने करीब है
लेकिन बदनसीबी ने मुझे तुझ से दूर है छोड़ा, क्या तेरे दिल
में है ये खबर नहीं है मुझे।

हर दिन तुझे पाने की आस, न जाने क्युं घट जाती है
मेरे जिन्दगी न जाने, कौन से हादसों में लिपट जाती है
तुम्हारी तो हर आहट, हमारे दिल को उलझाती है मगर
कितनी भी गहरी नींद में सो जाऊं, रात में नींद मेरी उचट
जाती है।

ये प्यार के अंधेरे रास्तों में, दिल तो मेरा नाराज सा है
इसे इकतर्फा कहूं या दोतर्फा, ये जिन्दगी सिर्फ तुझ से प्यार
करती है
मैं जानता हूँ कि लाखों बार, तेरे हर इशारों को हमने जलील
किया
न जाने क्युं ये दिल फिर भी डरता है, कि कुछ न कुछ
काबिलियत की कमी मुझ में मुझ को क्युं लगती है।

अब ये जिन्दगी तो हमारी गुजरती है, रात और दिन के
चक्कर में
फिर भी आपसे गुजारिश है, हर वक्त चिराग जलाये रखिये
हमारा ये दौर, कहीं आपको बेगाना न कर दे
आप अपने इस दीवाने को, हर वक्त दीवाना बनाये रखिये।

हम तो कहते हैं, तेरे प्यार में इक छोटा सा आसरा मिले

चलूं मै इसमे जितना भी झूककर, सर पर तेरा चेहरा लगे

अब तो इस प्रेम महल में, बारीशें, आंधियां सताये तो क्या

तेरे और मेरे सायों के सिवा, कोई गैर न यहां दिल गंवारा करे।

आपको तो सारे हक दे दिये थे प्यार में, अब आप हमें चाहो
या ठुकराओ

हमने सब को ठुकरा दिया, तुम से दिल लगा बैठे

हमने तो इश्क का इजहार, जमाने से छुपा रखा था

फिर क्युं थोड़ी सी बेवफाई से, तुम गैर को दामन थमा बैठे।

हम तो हर वक्त आपकी पुरानी, यादें याद करके रोये हैं

तुम्हारा चेहरा जब याद आया, परवाने को देख रोये हैं,

आपने साथ क्युं हमारा तोड़ा, हर इक ने मुंह है हम से मोड़ा

अपने ही अश्कों से हमने, अपने गम धोये हैं।

इश्क में जो फना होना था, वो आपने कर दिया,

अब क्या फायदा हम से मुंह छुपाने का

एक दिन तेरा भी फटेगा कलेजा, मजा ले ले मुस्कुराने का

आपने तो बड़े ही अंदाज से, तोड़ दिया है इस अफसाने को

कहां छोड़ा है हमें इस काबिल, अपने दिल के गम बताने को।

अब तो सब कुछ छूट गया है भले ही, हमें अब, अंधेरों से
नफरत ही सही
खाक ही बचा है अब हमारे साथ, अब वो प्यार की डगर भी नहीं
आज तो हर आह पर हमारी, लोग हंसते हैं मगर
तुम्हारे इस शहर में बद होने के बाद, हमारा एक शजर भी नही।

तुम तो पैदायसी बनी थी हमदम मेरी, इक खुदा की कलि
बनकर
हम भी चाहते थे तुमको हर इक शाम के पहले, हर इक
शाम के बाद
जाने क्या आज हो गया है दिल को, तुम्हारे उस सलाम के बाद
ऐसे न रूठों हम से कभी क्युंकि, हमारे लबों पर रहता है
सिर्फ तुम्हारा नाम खुदा के बाद।

जब से कुछ घाटा खाकर तबियत क्या बिगड़ी, उसने मुलाकात
ही बंद कर दी
हमने तो हालाते जिगर भी बताया, उसने बात ही बंद कर दी
अब तो कौन सी बात रह गयी, हर बात ही गयी
मुलाकातों का तो दौर ही छोड़ो, अब तो जिन्दगी ही हमारी
हम पर बोझ बन गई।

न जाने क्या फरेब दिये, हमें इश्क ने इस बहार में
दो दिन ही खुश रहें, और जिन्दगी के गुल मुझ्रा गये
न जाने कौन सा, यह खिजां का दौर चला
इश्क में हम संभले भी नहीं थे, हर कदम ही लड़खड़ा गये।

ये अफसाने इश्क की दुनिया, ज्यादा नहीं है कुछ
इसमें भी कई दिन गुजरते हैं, कुछ जबरदस्ती गुजारे जाते हैं
इश्क को भी छोड़ के, और भी बहुत सा है जहां में
इसमें भी कुछ दिन इश्के सादगी, कुछ गमें सादगी में गुजारे
जाते हैं।

हमारी ये जिन्दगी में हमारे चमन में, क्युं आया वो गमखोर
हमारे ही चमन के हर गुल को, सिर्फ गम दे गया
उसको ये पता था अश्क पिलाने में क्या मजा है, फिर भी
मेरे ही सारे गम पी गया
वो जल तो गया परवाना मेरी ही आग में, मुझे ही इश्क के
वो सब सितम दे गया।

हमारे मयकदों को बंद कराकर, ये दिल ढूंढ रहा है तुझ को
न जाने कहां खो गयी है, मुझ को आँखों से पिलाने वाली
करते ही रहते है हम, हर मयकश से तेरे हुस्न की चर्चा
कहां खो गयी है, इक जाहिद में सुधार दिलाने वाली।

चल सजनी अब अपने नये साजन के साथ, फेरों की रात
जाग लेना
फिर तो आगे तेरी भी विरान रातें आयेगी, रो रोकर सो लेना
हम तो जानते हैं ये तन्हाई की रात, भारी है जिस तरह
हमने भी मार कर हसरतें, तमाम उम्र गुजारी है इस तरह।

अच्छा सा था साथ अपना क्या जाने, तुझे बहका दिया किसी ने
सत्यानाश तो उसका भी होगा, जो कुछ किया किसी ने
न जाने क्या हो गया है आपके दिल को, क्युं दूर रहते हो
हमें तो अब लगता है, हमारे खिलाफ दिया कुछ लगा किसी ने।

अगर तुम सा गुल, हम से नाराज हो तो क्या
तुम्हारे दिल का गुलशन, हम से नाराज हो नहीं सकता
हम तो जानते हैं, हमारे दिल की बहारें तुम से जिन्दा हैं
पर हूँ मै तो तुम्हारा ही गुल हूँ, तुम्हारे गुलिस्तां से दूर नहीं
हो सकता।

वो क्युं बरसातें हैं, ये दिल की बिजलियां दूर से
और जब छाती है घटा, वो डर जाते हैं बिजली के डर से
अगर आप आजमाना ही चाहते हो हमें, तो हमारे करीब तो
आओ
ओ खुदा जब वो लिपट जाये हम से, तो घटा चंद दिन तो
बरसाओ।

बेवफा तेरे ही शहर में छोड़ आये हैं, हम कभी से तुझ को
अब तो कई अरस गुजर गये हैं, देखे तुझ को
इक बात तो कृपया पूछ के देख, अपने दिल को
क्या अब तक न निकाल पाये हो, दिल से हम को।

अब तो सारी बातें हैं किस काम की, अगर दिल न मिले
अब तो हमने वो रास्ते ही छोड़ दिये, जहां मन्जिल न मिले
दिल तो कहता है, छोड़ दे वो सारे शहरों को
जहां कश्ती तुम्हारी, हमारे दिल के साहिल को न मिलें।

आज तो चकनाचूर है ये दिल, क्युं जगह दिल में दूं तेरे
अफसानों को
आज तू ही तो है मेरे दिल का कातिल, अपना दिल क्युं दूं
कटवाने को
अब जगह दिल में किसको दूं, बोल अब मुझे
तेरी कटारी को, छुरी को, तीर को या खंजर को।

मेरे दिल को पत्थर समझकर, मेरा चाहने वाला गया
ये दिल तो मेरा मोम था, इसे बिना छुये चला गया
अब यह हमारा दिल, किसी के काबिल नहीं रहा
जिस दिल को तूने दिल ही न समझा, अब वो दिल भी नहीं
रहा।

तेरे दिल को पाकर, अगर तेरे ही दिल को खुशी न हुई
तो ये मोहब्बत के सिलसिलों की, मोहब्बत ही न हुई
दिल तो कहता है, कि कैसे समझाऊं तुझे
गम तेरे देख कर मेरे तो यहां, सुबह न हुई न शाम हुई।

वो हम से क्या बिछड़े, बिछड़ते ही गुमराह हो गये
हमारे भी पांव उन्हे ढूंढते ढूंढते, बेमन्जिल हो गये
अब तो हम जानते है, वो प्यार की मन्जिल अब न आयेगी
अब यह प्यार के रास्तों में हम डूबते भी गये, और पार
उतरते भी गये।

अब इश्क की हर गली, हर कूंचे, और हर मोड़ को देख सिर्फ
फरियाद करोगे
जब हम या हमसा वफादार ही न मिला, तो
अपने ही इस दिल को पूछना, अपने हर विरानों में
तुम मायूसियत में, किसको याद करोगे।

अरे वो नीची नजरों से देखने वाली, काश
नजरें उठाकर मुझे देखती, तो बात कुछ और होती
फिर हमने दिल को मचलाया, तेरे दिल की तरफ
काश, तुम दिल की सादगी को समझती, तो जिन्दगी कुछ
और होती।

वो हमारे इशारे, वो हमारे वादे, गलत बन कर रह गये
हम क्या अर्ज करते कह गये, आप क्या करके कह गये
अरी बेवफा, तूने न पहचानी, हमारी अहदे वफा
तुम तो सालों के पुराने वादे छोड़, मुकर कर चले गये।

हमें कुछ नहीं कहती है तेरी, बेवफा निगाहें मगर
हमारे दिलों की बातें पहुंचती है, कहां कहां
मगर क्यूं वो ही मस्त निगाहों में, हया खेल रही हो
अपने ही दो नजरों के प्यालों से, हर जहां जहर घोल रही हो।

तुम्हारे ही गर्मों से दिल हमारा, तुम्हारे हथेली का फफोला
हो गया
आपने दिल को क्यूं झिंझोड़ा, वो दिल ही हमारा रो दिया
हमें तकदीर का रोना नही, तुमने दिल को बर्बाद किया
गम तो सिर्फ इस बात का है, बहुत देर बाद बर्बाद किया।

तुमने तो आशिकी में मोहब्बत में, कदम कदम पर पांव
रोके, मगर
तेरे शहर को छोड़कर आना, अब कोई मजाक नहीं
तुम पास नहीं, तो अब जिन्दगी का मजा क्या
अपनी सांसे तो जिन्दा है, हलचल भी दिल की है, मगर लाश
जिन्दा है, मरी नहीं।

आज न जाने कहां से आ गया करार, दिले बेकरार का
आओ मिलो हम से अभी भी देख लो, हमें उसी तरह
आओ पूछो हमारे दिल से, खाये कैसे तीर तेरी नफरत के
आज भी खलीश वहीं से होती है, जख्में जिगर हो जिस तरह।

हमें तो गम इसी का है, कि आपस में निभाने का भ्रम टूट गया
अब सवाल तो ये है बेवफा हम में कोई भी हो, तुम न सही
हम ही सही
आपस में हमने दिल तोड़कर, गैरों का घर क्युं कर लिया
फिर भी क्युं हम आपस में कहते हैं, वो तीरें नजर क्युं रखते
नहीं।

दिल के मेरे आइने में आकर मेरी दुनिया संवार दी, उसी में
तुमने जुल्फों को क्युं संवारा
दिल तो मेरा इतना भर गया, कि चूम लूं सारा बदन तुम्हारा
आज फिर ये दिल में क्युं मुलाकात की, ख्वाहिश की दबी
आग है
फिर भी क्युं महकती है तेरे हाथ में गैर की मेहंदी, और
दिल क्युं कहता है हम से कि तू बेदाग है।

ये कातिलाना नजर हमें युं देखती है, जैसे देखती न हो
आपके यह देखने का अन्दाज, तो माशा अल्लाह कहीं देखा
न हो
इस तरीके से घड़ी घड़ी न देखें हमें, दिल तड़पता सा है
तुम्हारे दिल पर इख्तियार है हमें, हमारे दिल पर शायद तुम्हें
इख्तियार न हो।

जिन्दगी में मैं कोई तूफान से डरा नही, पर लगता है डर
तेरी रुसवाई का
क्या करूंगा जी कर मैं, अगर वक्त ने किनारे ही बदल दिये
क्या पता कल तुम साहिल पर खड़े रहो, मैं तूफां में रहूं परेशां
क्युंकि डूबने में मैं हूँ माहिर, कहीं ये सोच आपने अपने इरादे
तो नहीं बदल दिये।

दिल में किसी की चाहो मैं, भला लगूं या बुरा लगूं
चाहे कोई कितना बुरा चाहे, तेरी नजर में तुझे भला लगूं
क्युंकि दुनिया की सभी सूरतें, मेरे दिल से उतर गयी हैं
अब तुझ से ही दिल आशना है, चाहे तेरे दिल से दिल्लगी करूं।

देख कर तेरे हुस्न को चीर के रख देंगे, तेरे दामन में दिल
अपना
तुझे देख मेरे दिल को तो काबू नहीं, पर तेरे दिल पर है
काबू अपना
अब देख तुम इस दिल में आये क्युं, बस गये हो हर धड़कन
में अब तुम दूर जाये क्युं
अब हम तो खुदा से भी पूछेंगे, ये तुम से हसीन बनाये क्युं।

मौत और जिन्दगी, न समझने की बात है न समझाने की
जिन्दगी क्या है, सादगी है, ये एक उतरी हुई नींद है दीवाने की
मौत तो क्या है, घबरी हुई जिन्दगी, सजा है अफसानों की
सच्चाई तो मौत है, यह इक न खुलने वाली गहरी नींद है
दीवानों की।

हमने मैखाने में साकी से पूछा, जिन्दगी क्या है
उसके हाथों से फिसलकर, इक जिन्दा जाम टूट गया
उसने कहा कि देख मयकदा, ये मौत है अन्जाने जिन्दगी
का सफर
जिन्दगी क्या है, ये बेवक्त की शहनाई है, दिल रूका सब
छूट गया।

न जाने कौनसी अदा से वो, हमारे पहलु में रहे
हर वक्त हमारे पास ही रहे, फिर भी हमारे न रहे
आज भी बैठते है वो, हमारे सामने हमारी महफिल में
न जाने क्युं ये जिन्दगी के फासले, फासले ही रहे।

आज हमारे ही सामने से, हमारा दिलरूबा गुजरा
दिल पर हमारे न जाने, क्या क्या गुजरा
उठाये कई सवाल हमारी आँखों ने, दिल से मगर
हमारे ही सामने हमारी ही, जनाजे का कारवां गुजरा

दिल ही हमारा ले गये है, वो हम से नजरें बचाकर
हर वक्त शरमा के जो पेश आये, हम से नजरें झुकाकर
आज बैठे हैं हम से दूर, वो गर्दन झुकायें
हमारे भी दिल की धड़कनें, अब देखती है उनको थोड़ा सा
शरमा शरमा कर।

प्यार में हम उनको, इक अर्ज वफा भी न कर सके
शरमायें ऐसे की कुछ कह न सके, कुछ सून न सके
हमारे दिल ने इक बार, दिल की जुबां खोली भी थी
उन्होने ऐसी झुकाईं आँखें, हम आगे कुछ कह न सके।

जब यह दिल ही छोड़ गया है हम को, अब रंज बेवफा से क्या
अब तो अपनों ने ही की दगा, अब गैर का क्या
इसका गुमान है हमें, तुमने हमें नाकाबिल बना दिया
जिस दिल को तुमने अब तक टटोल लिया, उसे बेदिल बना
दिया।

क्यूं हर वक्त हर नजर में, उभरते हैं तेरे दिल के अफसाने
खैर हम तो लूट गये, ये दुनिया तेरी नजर न पहचाने
वैसे तो तेरे इस हाल पर, हंसता है ये जमाना
हम से तो कई खाक हुए, फिर भी न रूके तेरे फसाने।

हमारी मेहंदी ने चारों तरफ से, हर तरफ आग लगा दी
कहीं तलवे जल गये, कहीं दिलों की बाल दी
ऐसे हुस्न ताजा की सादगी पर, कहीं हम मर न जाये खुदा
गैरों के चमन में तो आग, गुलों ने बिखेर दी।

मुद्दतों के बाद तो आयी है हाथ ये जुल्फ, इसे बिखर जाने दो
बिगड़े हुए थे जो हालात, इन्हे अब संवर जाने दो
अब याद रखो कोई न आये अब बीच, तेरा वो गैर हरम
हाथ में आयी हो अब मेरे, अब ये रात युं ही गुजर जाने दो।

बहुत ही आसान हो गयी है मन्जिल, देख हवा के रूख बदल गये
तुमने क्या पकड़ा है हाथ मेरा, जिन्दगी के हर चिराग जल गये
आज तुम से क्या मांगू, अब तुम मिले, तो जैसे जन्नत
मिल जाये
अब तो सौ सवालों से अच्छा है, सिर्फ एक सवाल, सिर्फ तेरा
साथ हमेशा हो जाये।

तेरी बेहयाई के कड़वे घूंट पी कर, मै तो बहका था
इसका दोस्तों से मेरे, इन्तकाम न ले
जब तेरी नजर ही बहक गयी है, चेहरे से मेरे
अब कफन से मेरे मरे दिल का, इम्तेहान न ले।

गैर के हाथ में क्या चमक रहा था, फूल सा मुखड़ा उनका
आँखों में भी था प्यार, उससे हल्का हल्का
आज तो आलम, ये था हमारा
जैसे जाम छलक रहा हो गर्मों का, छलका छलका।

न जाने कितने मौसमों के बाद, उसे मेहरबां देखा
कभी ऐतबार करो इस दिल पर, जिसने महकता आसमां देखा
कई मुद्दतों के बाद, उसने छोड़ी है इक प्यारी दास्तां
फिर हमने गर्मों में अपना चान्द, फिर बदलता देखा।

शमा तो जलती है, बूझती है, उसे तो आदत है लड़खड़ाने की
इस मरती हुई जिन्दगी से तो, मौत अच्छी है परवाने की
शमा तो है बनी, जलने के लिये, जलाने के लिये, लुभाने
के लिये
उसे तो अपनी आग से है मतलब, चाहे वो कुर्बानी हो
परवाने की।

चैन से रहने का हम को
यूं मशवरा मत दीजिए
अब मजा देने लगी है
जिन्दगी की मुश्किलें मजा लीजिए।

जो मिले है प्यार में गम, वो कम नहीं है जिन्दगी के लिये
दिल तो अब रूक रूककर चलता है, उसे भी चैन मिल जाये
थोड़ी घड़ी के लिये
सिर्फ इक बार तू कह दे, आखरी बार, कि तू दिलबर है मेरा
तेरा ही जायज है मुझ से रिश्ता, मेरी जिन्दगी के लिये।

क्या मस्ती भरे है, तेरे लबों के पैमाने
तुझे ही है पीने का मजा, तू क्या जाने
अब तो छोड़ दे जिद करना, कि क्या रहा अब मुझ में
अब तू ही तो मेरा मैखाना, ये तेरा ये मयकश ही जाने।

जिन्दगी की अंधेरी रातों में, अब तू ही सहारा दिखता है
न जाने क्युं ये दिल कहता है, कि तू उसे जीतना चाह लें,
फिर भी तू अकेला दिखता है
अब जा कर कह दो, उन मनचली प्यार की फिजाओं से
कि गुलशन में है इक तो गुल, जो उसे अपना दिखता है।

ये क्या गजब कर लिया, गैर से ही अपना घर कर लिया
हमने तो चाहा था तुम्हें नजरों में समाना, अपने दिल में
बसाना
अब तो कहता है हमारा दिल, कि क्युं तड़पा है अपना
अफसाना
खैर, अब चलों कफन को ही अपना लें, खत्म करें जिन्दगी
का फसाना।

आपको भुलकर आज तक, न मैंने किसी से कोई बात की
कभी
आपको याद किये बिना, न कट सकी कोई रात कभी
आप चाहे हमें याद करे, या भूल जाये नहीं पता
न जाने तूने कैसे काट दी, ये जिन्दगी की रात सभी।

तुम हम से न मिल सके, फिर भी हमें तेरी जुदाई का गम था
आज तो यह गम है, तेरे बगैर जिन्दगी निकल गयी
आज भी मै तेरी नजरों से दूर हूँ, पर दिल के करीब हूँ
आज भी यही आरजू है, बस इसी तरह करीब रहूं।

जिन्दगी भर दिल में तेरे ही जख्म खाये, फिर भी हम न रोये
हमने फिर दिल को ही समझा दिया, मेरी तकदीर ही है तुझे
खोये
अन न तड़पा उन्हे ऐ खुदा, इस जवां मौसमों में इस कदर
आज भी मै भूल जाऊं सारी बेवफाई, मिले वो तन्हाई में अगर।

आज तो वो ढूंढ रहे हैं, फिर से बहाना अपने मेहबूब से
मिलने का
कितनी ही बेताब हो गयी है नजरें, फिर से सनम का दीदार
करने का
अब वैसा नहीं चलेगा इक दिन भी, कि कभी कदर डाल दूं
उन पर मेरी नजर
बस हर वक्त हम से मिलते रहो, देखो हमारी मोहब्बत का
असर।

प्यार आपके दिल में हो, और थोड़ा सा असर नजर में हो
तो देखो कैसे आपकी नजरें, आप में क्या नूर देती है
यह प्यार के रास्ते है मेरे दोस्त, यहां सिर्फ ठोकरें तो है जरूर
मगर जब मिल जायेंगे हम, यही जिन्दगी हमें नया कोई
सरूर देती है।

तेरा हुस्न तो तेरी है, चमक दमक पर लूटा है
इस बात की बागबां को, कोई खबर नही
हम न मिले तो तेरी निगाहों में, शबनम ही दगा देगी
तेरे ही दिल के चमन को, इस बात की खबर नही।

यही है फसाना, हमारा तुम्हारा
जमाना दीवाना है, हमारा तुम्हारा
जमाने की हर रस्मों में, शामिल रहेगा
वही मिलना मिलाना, हमारा तुम्हारा।

कितनी फिजायें बीत गयी, मगर गमों की रात की सुबह
नहीं आयी
विदाई के उनके बाद तो यही सुना है, कि मर कहीं
हमने भी यह सुना है, कि विदाई में हुई है इक मौत
हमें भी सदमें की गहरी नींद आयी है, कही वो मै तो नहीं।

अर्सो बाद देखी है उनकी सुर्ख जुल्फें, और जगमगाती आँखों
में प्यारी नमी
देखा है उनका लाली सा चेहरा, और होंठ उनके सरनमी
पर जब देखा गैर की मेहंदी को, दिल हो गया सरगमी
अब तो लगता है, मौत ही हमारी लायेगी कयामत, अब उनके
दिल में हम नही।

हर आशिकी का अंजाम, आखिर मय है
फिर क्युं ये हसीनायें आशिक को, इस सौतन से मिलाती हैं
प्यार में सब कुछ लूटाता है आशिक, हुस्न को पाने में
लेकिन ये हुस्न तो होता है मतलबियों का पुतला, ये मय ही
उसके आखिर काम आती है।

ओ बेवफा दिल तोड़ने वाले, ये दिल हमेशा क्युं तेरा ही सोचता है
कि जब तू जहां भी मिलेगी, कितनी बदल चुकी होगी
अरे ये कुछ पल की जुदाई ही, तोड़ देती है नाजुक से दिल को
जब जिन्दगी भर की जुदाई आयी तो, क्या क्या होगी।

ये आशिकी में कोई आशिक न बचा, जिसने मय नहीं चखी
हमें बता दे वो आशिक, जो मय की झूठी कसम खाता है
ये आशिकी के अंजाम के बाद, तो मय ही है उसका घर
जो मय से आकर, फिर उसी की यादों में खो जाता है।

हमारे ही नकाब से खुद को छुपाकर, हमें ही नफरत से न देखिये
ये जो प्यार के निकले है हमारे आँसू, इनकी आबरू सितारों
से कम नहीं
अरी ओ परदादार निकल आ बाहर, अपने हुस्न के घमंड से
ये झूठे ही मरते होंगे तुझ पे, लेकिन हम भी किसी से कम नहीं।

अरे फरेबन तू देख तेरा ये हौसला ही, तुझे ले डूबेगा
सागर की भंवरों को जो तू समझती है साहिल, वो ही तुझे
ले डूबेगा
अगर हम पर यकीं नहीं तो, गैर से अपनी कश्ती डूबोकर तो देख
ये तेरा साहिल ही तुझे, घुमा घुमाकर ले डूबेगा।

देख तेरा प्यार कई अर्से से, हमारी आँखों में था
फिर भी इसमें तुम हमारे, ख्वाब ही बन जाओ तो क्या
जिन्दगी में हमारे लिखी थी तन्हाई, तो तन्हाइयां ही सही
अब ये दिल तो बन गया है नासूर मेरा, तुम आये तो क्या,
न आये तो क्या।

जवानी में दिल देकर, कई अर्से बाद ये बात जानी है
यह इश्क़ मोहब्बत ही है सब कुछ, बाकी दुनिया पानी है
लेकिन यह इश्क भी जब तक, तुझ में तालीम न हुआ
तब तलक यह इस दुनिया में, शामिल भी न हुआ।

क्युं तुमने गैरों से कहा फसाना, क्युं गैरों से सुना अफसाना
काश हम से खुल के अगर कहते, तो अलग था ये जमाना
इस तरह तेरे और मेरे लोगों ने, बर्बाद किया ये फसाना
गया तो इसमें किसी का कुछ नही, बस दिल दोनों का रहा
विराना।

तेरी अदाओं को वाह लिखना, तेरी निगाहों को तीर लिखना
दुनिया की हर खूबसूरती को, तेरी ही तस्वीर लिखना
क्या क्या न कहा तुझे दिल ने, और लिखा है जिगर ने
पर पाया क्या हमने सिवा इसके, हमारे ही नाम की तुमने
रुसवाइयां लिखना।

जैसे जैसे अपनी जुदाई की दूरियां, बढ़ती सी गयी
वैसे वैसे तेरी सूरत भी, दिलनशी होती गयी
तेरी जो नागिन सी थी जुल्फे, वो सिमटती सी गयी
जैसी की अमावस की रात, सूरज के करीब बढ़ती सी गयी।

क्युं हमारे दिल के अरमान, हमेशा तुम से डगमगाये
ये आँसू तो हमारी विरासत है, इसे क्युं पोंछने आये
आज कैसे तुम हमारे आँखों में, छाये हुए हो
अब तो गुजर गया है जमाना, तुझे भुलाये हुए।

लाखों जख्म तो खा लिये तुम्हारे
अब न बचा है दिल का कोना कोई
कल हम रहे न रहे इस दुनिया में
मेरे कफन पर आकर रोना न कोई।

दिल से आवाज आयी और, आँखों ने तुझे देख लिया
खुदा कसम, न तो हमारा जुर्म था, न तो सितम हुआ
हमने तो छिपकर किये कई इशारे, ये देखो प्यार के नजारे
तुमने तो नजरें नीची करके, दिल को हमारे जुल्मों सितम किया।

कभी कभी प्यार के दुश्मन, प्यार की बाजी जीत जाते हैं
कभी कभी तुम्हारे हमारे जैसे, प्यार की बाजी जीतकर हार
जाते हैं
नहीं दिखते है उनके निशान कहीं भी, इस शहर में
लेकिन हमारे तुम्हारे नाम, हर चौराहे पर दोहराये जाते हैं।

लगता है दिल को कुछ देर कर दी, इश्क बताने की
लगता है हम को, हमारी कुछ शर्मिन्दगी ने मारा
आज तू देख तेरी ही तस्वीर है, हमारे सारे बदन में
लेकिन थोड़ी भी परवाह अगर करता तो जीत जाता,
पर इसे मेरी ही लापरवाही ने मारा।

अब आप ही कहो, बादलों का क्या था कसूर
कि वो, बहुत ही बरस गये
उन्हे भी, अपना दिल हल्का करने का
कुछ हक तो है ना!

कुछ जिन्दगी के लम्हें हमने भी,
आपके साथ गुजारे थे
आप उसे कहते है, कि वो एक वक्त था
और आज भी हम कहते है, जिन्दगी उसे।

ये देख कर कभी दुनिया की बेरूखी न पूछो
हम दिल वालों का, हाल कैसा है
बस इतना कहूंगा, हम गमों में बैठे हैं
और यहां हर शख्स, तुम्हारे ही जैसा है।

यह दिल तो हमारा चाहता था, खुश रहना मगर
हर वक्त हर जगह, तुम से क्युं गम मिल गये
तमन्ना तो थी दिल को, तुम्हारी बाहों में झूमे
मगर तुमने क्युं ये दिल तोड़ा हमारा, क्युं हमारे किनारे
बदल गये।

वो भी एक जमाना था, जो प्यार के साथ न था
और तेरी वो बनावटी दुनिया भी, मुझे रास न थी
फिर भी तेरे प्यार के खातिर, कोई और न था नजरों में मेरे
था क्या प्यार, या था दुश्वार, पर जिन्दगी तेरे ऐसे साथ से
पहले, युं उदास न थी।

कौन है जिसने प्यार की, ठोकर नहीं चखी
इसमें भी एक प्यार की, झूठी कसम खाता है
जो इस प्यार के फलसदे से, निकल गुजरता है
अपनी मन्जिल खूबसूरत, वो ही बनाता है।

इश्क से पहले हम भी, कभी कहां मय पीते थे
हर वक्त तेरे ही साये से, प्यार करते थे।
आज हम कैसे भूले, वो प्यार का अपना गुजरा जमाना
जब तुम सब छोड़, सिर्फ हम से मोहब्बत किया करते थे।

हमारे ही दिल पर न जाने, क्युं तुमने कितने सितम ढाये हैं
हमारे ही हमराज बनकर, क्युं हम पर ही तीर चलायें हैं
हमने न जाने, कितने आँसूओं को पी पी कर
हर वक्त तुम्हारे ही, प्यार के दीपक जलाये हैं।

हमें क्या पता था, तुम्हारे खूबसूरत हुस्न के पीछे
सनम तुम्हारी इक बेवफा, सूरत भी है उसके पीछे
आगे चलकर देख, कि क्या कहेगा तेरा ये जमाना
जब मेरा यह जनाजा होगा, तेरी ही डोली के पीछे।

इश्क जब इतना वफादार है अपना, अब साथ न लो उसका
कितना भी चाहे वफा बताये, पर यह है बेदर्द जमाना
क्युं हंसते हो आज तुम मुझ पे, मत चलो साथ इसके
कल देख लेना तुम्ही पर हंसेगा, तुम्हे दर्द देकर ये जमाना।

आज क्या है पास हमारे, सिर्फ इक आस है
उन आसों में अब, सिर्फ यादें है, तन्हाई है
आज साथ तो हमारे अब तो कारवां है, अश्कों का
जिसमें सिर्फ बसती है, बेवफाई बेवफाई और बेवफाई है।

दोस्ती के मायने, कभी खुदा से
कम नहीं होते, अगर
खुदा करिश्मा है तो
दोस्त भी जन्नत से कम नहीं होते।

हमसफर तेरा रूठना भी, जरूरी था
मेरा ये घमंड टूटना भी, जरूरी था
न जाने मै खुद को, मोहब्बत का खुदा समझ बैठा था
ये शक दूर करना भी, जरूरी था।

अपना घमंड अपनी आवाज में नही
अपने विचारों में रखो
क्युंकि फसल बारीश से होती है
बाढ़ से नही।

कौन कहता है, जिससे प्यार हो, वो ही होगी मन्जिल
हम तो कहते है, जिन्दगी बीताने के लिये, उसकी याद ही
काफी है
यह प्यार के रास्तों में अगर, अरमान पूरे न हो, इक फरियाद
ही काफी है
प्यार की मन्जिल बसती है दोबारा, इसमें मुकद्दर वाला इक
यार ही काफी है।

क्युं इस दिल ने कद्र पहचानी, तेरे दिल की
ये साहिल, ये तूफां, ये कश्ती तेरा ही नाम लिखा
हमनें हर बार अपनी अंगुलियों को, तराशा लेकिन
फिर भी आदतन, हर चीज को तेरा ही नाम लिखा।

प्यार की नयी कली, कहीं गुलशन में खिल रही होगी
तो नाकाम प्यार का फूल भी, कहीं मुरझा रहा होगा
देख इस प्यार में पतंगे का, शमा ने क्या किया हश्र
कहीं नया पतंगा भी, शमा में मिल जाने को अपना
जिस्म और दिल जला रहा होगा।

खंजर से जख्म करके, तुम्हे नमक भरना तो आ गया
चलों मेरे जख्मों को देख, तुम्हारे दिल को मुस्कुराना आ गया
चलों तुम्हारा खंजर, हमारे जख्म रसीदों से मिल गया
चलो आज ये लहु मेरा, इश्क के शहिदों में मिल गया।

चलो कम से कम इस फकीर को, तूने दे ही दिया अपने
आंचल का टुकड़ा
आज वो मैने, अपने कफन से बांध लिया तेरे प्यार में
फिर भी अलविदा से पहले, कहता हूँ कि मैं बेवफा कभी नहीं था
न जाने तूने क्युं कर दिया, बेवफा मुझे तेरे प्यार में।

हर वक्त हमारे दिल में थी, चाहत तेरी
फिर क्युं इस दिल से, नफरत ही निभायी तूने
बचपन से वादा किया था, अन्त तक दोगी साथ मेरा
फिर क्युं मेरी ही चिता, हंस हंसकर जलायी तूने।

क्युं ठुकराकर दिल मेरा कहते हो, गैर से मोहब्बत है मुझे
काफी अर्सों से तो तुम, सिर्फ हम से प्यार करते थे
फिर क्युं ठुकराते हो इश्के सलाम मेरा, उस जालीम के लिये
तुम्हारे वो जो जालीम है, मेरा हर वक्त इंतजार करते थे।

आप कहते हम देखते नहीं, पर हमने देखने का सबब ही
बदल दिया
हम तो कहते हैं, कि तुम मेरे काबिल तो हो, पर हम तेरे
काबिल नहीं
डरते हैं हम तेरे गली से क्युंकि, वहां कोई चाहने वाला मिला
नही
वहां सिर तो मिला आशिकों का, पर धड़ उनका कहीं मिला
नहीं।

इजहारे इश्क से क्युं दूर भागते थे, जब हम तलब करते थे
छोड़ दिया जब तुम्हे नफरतों से, अब क्युं बेकरार हो आने को
अब तो सब कुछ लूट गया है मेरा, ना दौड़ो इस उजाले की ओर
इन उजालों में अब अंधेरा ही मिलेगा, न ढूंढो इसमें कयानातों को।

अब आप पर ऐतबार करे, तो कैसे करे
जो आँसू आपने दिये थे हमारी आँखों में, वो भी पराये निकले
अब तो यकीं कर लो, तुम से अब वो मोहब्बत न रही
दिल के गम तो अब नासूर बन गये हैं, अब आपसे मिलने
हम क्युं निकले।

आपने हम से हर पल पर्दा ही किया, साथ गैरों के बैठे रहे
हम से क्युं छूपते ही रहे, और सामने आये भी नही
हमारा ये दावा है, कि हमारी मौत ही आ जायेगी
क्युं आज आये हो हमारे सामने, और कोई नकाब भी नहीं।

इस नाकाम इश्क में, हम बस युं ही जले जाते हैं
चिराग से हैं हम लोग, हमें जलाते हैं और कहते हैं, चिराग
जले जाते है
दिल की हमारी शमा भी जलती है आग से, लोग कहते हैं
नुमाइश के लिये
इश्क की इस आग में अब तो, गुमनाम हैं हम, फिर भी
तुम्हारी आस में जले जाते है।

इस प्यार के पुतले को तो बनाया है, खुदा ने

यकीनन् इस इश्क की राहों से, हम अन्जान से है
हमारा भी दावा है तुम से, कि हम भी कोई चीज है
कबूल कर लो हमें दिल से, वर्ना हम कुछ भी नहीं से है।

हमारा यह प्यार की राहों में, युं डगमगाना
यह तो उस प्यार के, राही की कहानी है
जिसने प्यार में सिर्फ, कांटे ही कांटे सहे हैं और
जिसने तो प्यार पाने के लिये, तेरे गली की खाक भी छानी है।

प्या था हम से तभी तो आ गये, वो मिलने शरमाते शरमाते
फिर कहने लगी, गर होती न कोई खलीश, तो विराने में न आते
आज तो वो आलम है कि वो, अपनी ही नजर में समाये जाते हैं
बाहों में हमारी वो समाये जाते हैं, और मुस्कुराये ही जाते हैं।

वो तो आज चमन में कुछ शरमा के बैठे हैं, गर्दन झुकाये बैठे हैं
आज तो कुछ गजब हो गया, वो नजर चुराये बैठे हैं
वो तो हमारे दिल के दर्पन में देख रहे हैं, बहारें हुस्न
जब छू लिया हमारा बदन, वो मुस्कुरायें बैठे हैं।

आज मैं विरान हूँ, जागती रातों की एक मिसाल और उसकी यादें है

मेरे इस टूटे बदन में, जैसे पत्तों के बिखरने की सदा है

आज तो दिल ये कहता है, जिसे मिलें न लज्जतें गम वो जिन्दगी ही है क्या

आज तो जिन्दगी का नक्शा ही बदल गया है, अब शबे इन्तजार क्या।

बेजाम गम पीये हुए हम, तेरी गली से क्या निकले

खुल जाये न तेरा भ्रम, हम तेरी आशिकी से निकले

ये इश्क में क्या गम होता है, इसमे बहकने वालों

आओ देखो अब ये बेखुदी क्या होती है, सारे सितम इश्क के लेकर हम निकले।

दिल ये कहता है, क्युं जमाने के डर से, तुमने हमें भुला दिया

जो दिल तेरे ही लिये तड़पा, उसे ही क्युं रुला दिया

आज हमें चल ये तो बता, क्या कसूर था इस दीवाने का

क्युं हमारी वफाओं का तुमने, जफाओं का ािसला दिया।

क्युं वो हमें ठुकरा गये, हम कुछ गिला न कर सके

न जाने क्या कमी थी मुझ में, उसे हम बेवफा न कह सके

जिन्दगी हमारी बेहया हो गयी, ये दिल उनकी बेवफाई से जख्मी हुआ

फिर कई दिनों बाद मौत ने हमें तड़पाया, फिर भी हम उनको बेवफा कह न सके।

अब ये चिराग मोहब्बत के बूझ गये हैं, तेरे आंचल से
वर्ना ये खुदिल को हमेशा, हवाओं से शिकायत रही होती
चलो, आप से होती नहीं है वफा, पर जफा न करो कम से कम
ये रस्में मोहब्बत अदा करने की तुम से, शिकायत न होती।

हमारे तो होंठ ही सिल गये, और जुबां खामोश रही
न जाने क्युं हमें छोड़, वो चले गये किसी और के आगोश में
बाद उनसे मुलाकात करनी चाही, उन्होने न ही कहा
चंद सिक्के क्या दिखे, वो छोड़ गये हमें फरेब में।

उस हसीं से प्यार करके देख लिया, उसके पास बेवफाई है
बेहद चाहा था उसे दिल ने पर, उसी ने मेरी कब्र खुदवाई है
अब तो मौत से ऐ दोस्तों, रिश्ता अजीब सा लगता है
कैसे कहे उनके बारे में, यह रिश्ता भी अलग सा लगता है।

महज इश्क में, हंगामा खड़ा करना
मेरा मकसद नही
इक आग सी जली रहनी चाहिए
मेरे सीने में नही, तो तेरे सीने में सही।

यह कहकर मेरे दिल ने
मेरे हौसले बढ़ाये हैं
गर्मों की धूप के बाद, हमेशा
हमारी खुशियों के साये है।

जिन्दगी भी एक, शतरंज का खेल है

शतरंज में वजीर, और

जिन्दगी में जमीर

अगर ये मर जाये, तो समझो खेल खत्म।

इस दुनिया में प्यार में बदलते, लोगों के बारे में क्या लिखूं

हमने तो बचपन के साथी को, गैर का होता देखा है

इसमें जो दोनों तरफ का प्यार हो, वो सच्चा होता है

लेकिन एक तरफा प्यार ही, हमेशा सच्चा साथ देता है।

चलो अच्छा ही हुआ, जो तुमने धोखा दिया

अगर खामोश रहकर रह जाते, तो गिला होता

चलो, अब तो अच्छा लगता है, खामोश बैठकर

तुझ को बहुत देर सोचना।

दर्द देती है मुझे हमदर्दी, मेरे हमदर्द की

उसने उजाड़ी थी दुनिया मेरी, झूठे दिलासे देकर

आज तो कोई भी घाव से मेरे, खून निकलता नही

तो समझ लेना, वो घाव मेरे वो अपने ने ही दिया है।

कितनी भी वफा बताकर अगर, वो रिश्ता न रखना चाहे

तो उससे हमेशा के लिये, दूरी बनाई अच्छी

उसे तो बस अब, यह वक्त ही बता देगा

कैसे तुम्हारी कद्र करना, और तुम्हे सब्र करना।

चलो, अब तो चलता रहूंगा, इश्क की डगर पर
चलते चलते चलने में, माहीर हो ही जाऊंगा
या तो मुझे प्यार की, मन्जिल मिल जायेगी
या मै सिर्फ, मुसाफिर बन जाऊंगा।

बहुत ही तन्हा सा सफर है, जिन्दगी का
लोग मिलते तो बहुत है, पर अपना बिछड़ जाता है
प्यार के दो पल के गुस्से से, प्यार भरा रिश्ता बिखर जाता है
जब होश आता है, तो वो वक्त गुजर जाता है।

दिल की चाहतों का क्या है, किसी को भी चाह लों
मसला तो इश्क का है, वो तो सिर्फ एक से होता है
फलसफा तो ये है जिन्दगी का, कि तुम ही न मिल सके वर्ना
मिलने वाले भी मिले बहुत, पर बिछड़ बिछड़ के।

जिन्दगी में तो सच्चा आशिक सिर्फ वो है
जो साजन का दिया दर्द, दिल से भुला दें
मगर जो भी उसने, दी हो मोहब्बत
कभी उसे न भुलायें।

जब भी महफिल में भी तन्हाई पास हो
गम की रोशनी में, अंधेरे का अहसास हो
तब उस दिलबर की, याद में मुस्कुरा दो
शायद वो भी कहीं, आपकी याद में उदास हो।

कभी पहलु में आओ तो, बतायेंगे तुम्हे
हाल-ए-दिल अपना, सुनायेंगे तुम्हे
कैसे है काटी अकेले हमने, तन्हाई की रातें
हर उस रात की तड़प, दिखायेंगे तुम्हे।

वही शख्स अकेला छोड़ गया मुझे
इस दुनिया की भीड़ में
जो कभी अपनी, हर दुआओं में
मांगा करता था, कभी मुझे।

अब तू छोड़ दे कोशिशें, इन्सानों को पहचानने की
यहां पर तो जरूरत के हिसाब से, सब बदलते है नकाब है
खुद के गुनाहों पर डालते है, सौ परदे और
यहां हर गुनाहगार शख्स कहते हैं, दुनिया खराब है।

इक रोज तो तय है
खुद की राख में, खुद को तबदील करना
फिर भी पता नही, ये इन्सान
क्युं उम्र भर, दूसरों पर जलता है।

इस दुनिया में जो इन्सान, तुम से प्यार करेगा
मुमकीन है हर बात पर, तुम से लड़ेगा
लेकिन जब तुम्हारा एक आँसू, किसी गैर ने निकाला
वो उसे रोकने के लिये, सारी दुनिया से लड़ेगा।

कितनों ने सोना खरीदा, मैने एक सुई खरीद ली
अपने सपनों को सी सकूं, उतनी डोर खरीद ली
सबने अपने नोट बदले, मैने अपनी ख्वाहिशें बदल ली
शौक ए जिन्दगी कम कर दी, सुकुन ए जिन्दगी खरीद ली।

कोई फिर रहा है कब्रों में, खोई यादों की तरह
फिर रहा है वादियों में, खोई आवाज की तरह
अगर पूरी हो जाती थी, उसकी भी ख्वाहिशें
तो छुपा लेता था वो खुद को भी, अनकहें लफ्जों की तरह।

जिन्दगी में बहुत मशहूर होना, पर मगरूर न होना
छू लो कदम कामयाबी के, लेकिन माशुका से कभी दूर न होना
जिन्दगी में बहुत मिलेगी, दौलतें और शोहरतें, पर
अपने ही आखिर अपने हैं, इस बात की भूल न होना।

कुछ लोग जिन्दगी होते हैं
कुछ लोग जिन्दगी में होते हैं
कुछ लोगों से जिन्दगी होती है
पर कुछ लोग होते है, तो जिन्दगी होती है।

हम खुलकर न कह सके, कोई बात किसी से
ये गमों में भी लज्जते, गम रहे हम
उस फूल को पाना तो बड़ी बात है, यारों
उस फूल को छूने में भी, नाकाम रहे हम।

अपने आप पर इतना ना, इतराना मेरे यारों
ये वक्त की धारा में, हमने अच्छे अच्छे को मजबूर हुए
देखा है
कर सको तो, हर किसी को खुश करो
दुख देते हुए, हजारों को हमने देखा है।

हम जो अब तक उठा रहे है सितम, शायद अपना जिगर है
लोहे का
हर कलि की आँखों में देखे है आँसू, क्या हाल हो रहा है
गुलशन का
मतलब की है दुनिया सारी, मतलब के सब लोग, यहां कोई
नहीं है अपनों का
जिसकी प्रेमिका हो बिछड़ी, वो क्या लुत्फ उठाये ये भीगे
सावन का।

जो आँखों को नजर आता है, वो हो सकता है फरेब
सहरा की रेत भी तो, लहरों की तरह मचलती है
ऐसी तहजीब मिली है, हमें विरासत में
औरों के दुखदर्द बांटने में ही, हमारी जिन्दगी महकती है।

दो दिन की है जिन्दगी
इसे दो ही उसुलों से गुजार दो
रहो हमेशा फूलों की तरह
और बिखरो तो, खुशबू की तरह।

जब लिखा ही था, मेरे मुकद्दर में
तो मै उसे टालता कैसे
अगर मुझ को ये इश्क में ठोकर न लगती
तो यारों, मैं संभलता कैसे।

मैं वो खामोश बस्ती हूँ, इस उम्मीदों के समन्दर में
मेरी खामोशियों में भी, एक तूफां पलता है
यहां परखों तो दुनिया में, कोई अपना नही
युं समझो तो, बहुत से नाते हैं।

कुछ तो बात होगी, सच्ची मोहब्बत में
जो दुनिया में सब से लड़ती है
दुनिया का अंधेरा, कितना भी गहरा हो
इश्क की इक चिंगारी भारी पड़ती है।

इश्क में प्यार के दर्द की कुछ
अपनी ही अदा है
यह प्यार के दर्द, सहने वालों पर
सदा ही फिदा है।

इस अन्जान अजनबी शहर में
किसी ने मुझ पर, पीछे से पत्थर फेका है
लगता है इस शहर में
कोई अपना मौजूद है।

जिन्दगी में सच के चेहरों में, हमने यहां
सिर्फ झूठ के फसाने देखे
अपने दुश्मनों को, जब हमने गौर से देखा
उनमें कई अपने, हमने पराये देखे।

जिन्दगी क्या है, यह एक कश्मकश है
अपयश में यह सफर, कैसे बसर करें
या जो कदम उस तरफ उठे, वो पैरों को काट फेंके
या अपने खोये प्यार की, चादर बड़ी करें।

वफाओं के साथ, हम आपसे दोस्ती करते हैं
पर कभी आपसे ही प्यार है, हम बोलते नहीं
क्युंकि हम आपसे, दिल का रिश्ता निभाते है
हम अपने प्यार को, तुम्हारी वफादारी से तोलते नहीं।

आपने तो हमारे प्यार को, सिर्फ खुशबू समझा
सोचा, इसे तन्हा कर दूं, ये बिखर जायेगा
हमारे दिल का मामला भी, फूल जैसा है
उसे आप युं ही कुचल दोगे, वो किधर जायेगा।

आपके हर जुल्म सितम को, कर लेता हूँ बर्दाश्त
दिल के हर दर्दा को पाल लेता हूँ, इसी आस के साथ
कि कभी न कभी तो, खुदा भी नूर बरसायेगा
मेरी खोई मोहब्बत को, आजमाने के बाद।

कहां कटता था दिन, कहां कटती थी शाम
अब कहां बिछड़कर, वो दिल की यारीयां रही
वक्त के सितम ने, ऐसी दी है हमें सजा
अब तो सिर्फ पहलु में, गैर जिम्मेदारियां ही रही।

आपके करीब आने की, बहुत ख्वाहिशें थी
हमारे दिल को मगर
आपके बहुत करीब आकर, पता चला कि
अपनी मोहब्बत, अभी भी फासलों में ही है।

काश, तुम समझ पाते, हमारे दिल को
तो मेरे अल्फाज जिगर में, अटक कर न रह जाते
काश, तुम हमारी भी कुछ मजबूरियों को समझ जाते, तो
मेरे अहसास ये स्याही और कागज के, मोहताज न रह जाते।

कुछ नहीं रहता यह दुनिया में पर, सच्चा साथ
तो सिर्फ यह तन्हाइयां होती है
यह ही सब से हसीन मौका देती है
अपने आप से मिलने का।

मेरे तो प्यार का समन्दर भी
बड़ा मतलबी निकला
मेरी जान लेकर, ये प्यार की लहरों को कहता है -
ये लाश को, किसी किनारे लगा दो।

हम इश्क प्रेमी होते तो है, सच्चे वफादार
हमेशा दिल से प्यार के, अहसास लिखते हैं
जो खटकते है मामुली से शब्द, इस दिल में ही सही
लेकिन हमेशा कुछ खास लिखते हैं।

खुदा ने न जाने, कितने ही आशिकों की
बूझी तकदीर संवारी है
काश, आज वो सिर्फ, मुझ से इतना कह दे,
कि ऐ बन्दे, आज तेरी बारी है।

मेरे प्यार के लिये भले, ये जिन्दगी मुझे
छोटी ही देना ऐ खुदा
मगर देना, तो ऐसी देना मुझे
कि मुद्दतों तक, उनके दिल में जिन्दा रहूं।

छाया था जिन्दगी में, मायूसियों का साया
कोई नहीं था राजी, साथ अपने आने को
क्या दोस्त क्या हमसफर, सब मतलब के है रिश्ते
मैने बहुत नजदीक से परखा है, मतलबी जमाने को।

गैरों ने तो लूटा ही था, लूटा तो अपनों ने भी नोटों की मार पर
बदला तो था दिलबर भी मेरा, कैसे भरोसा करूं अपने ही
प्यार पर
गेरों को तो देखा था हंसते, किस्मत के वार पर
लेकिन अपने ही मजा लेते हैं, अपनों की ही हार पर।

अब तो बस हर मायूस को हंसाने का
कारोबार है अपना
हर दिल का दर्द खरीद लेते हैं
बस, अब तो ये ही कारोबार है अपना।

रूतबा तो खामोशियों का होता है
अल्फाजों का क्या है
ये तो मुकर जाते हैं
अच्छे हालात देख कर।

मोहब्बत के जलते चिराग
अगर नफरतों की आंधियों से, डर गये होते
तो आप ही सोचिये कि
प्यार करने वालों के उजाले, किधर गये होते।

यह जो प्यार का रिश्ता है न, साहेब
नफरतों की लाख आंधियों से, कभी खत्म नहीं होता
यह बातों से छूटा तो, आँखों में रह जाता है
अगर आँखों से छूटा तो, यादों में रह जाता है।

आया न था तेरा एक भी पैगाम, हम हाल कैसे जानते थे
तेरे तो घर वालों की बदली थी सूरत, वो हम को कहां
पहचानते थे
हमने तो साफ बता दी थी, तुम्हे हमारी मौजुदा हालत
ये जो दो दिल टूटे थे अपने, कैसे तुझे पुकारते थे।

अब तो बेजान हो चली है, मुद्दतों से हमारी खुली बांहें तेरे लिये
तुम तो डर के जमाने से, फासले बढ़ाकर रह जाती हो
अब तो एक ही गुमां है, तेरे झूठे दिलासों का दिल को
सब सुनना था तुम्हारे लबों से, पर तुम अपनी नजरें कहीं
और घुमाती हो।

बेदर्द तेरे ठुकराये प्यार का, फिर पैगाम आया तो उसने फिर
तड़पाया
गुजरे लम्हें जो गुजरे थे तेरे साथ, उससे फिर दर्द पाया
मैने फिर से बांहे खोल दी, नाकाम इश्क की तरफ
तुमने फिर अपनी निगाहों से हमें, फिर बेवफा ही बताया।

तेरे लिये न जाने कितने, जिन्दगी के इम्तेहां दिये
जुल्म सह-सहकर, हर महफिल में तन्हा ही जिये
कभी न देखी अपनी मन्जिल, करीब तेरे
जिन्दगी भर न जले, दिल के अरमानों के दीये।

हमारी नजदीकियां और उनकी दूरियों का असर, तो है आज भी
दिल तो बहुत तरसता है, उन्हे मोहब्बत से देखने को आज भी
जिन्दगी से तो खा ली है शिकस्त, इश्क में नाकामी की
लेकिन जो फासले थे दरमियां, मुकम्मल है वो आज भी।

दिल में जब बात उसकी हो तो, खुशी सी छा जाती है
लेकिन जब यारों में उनका जिक्र चले, उदासी सी छा जाती है
आज मैं उनको दुश्मन कह नहीं सकता, वो पहले दोस्त थे मेरे
आज मैं जितना भी भूलूं, उनकी याद आ ही जाती है।

कितने तरीकों से मैं कह चुका हूँ, तुम्हे दिल की बात
अब मै तुम्हे जिन्दगी से, मेरे यूं जाने न दूंगा
अगर तू सोचती है कि मैं, वफादारी में गलत था
तो मैं भी मेरी तबाहियों का इल्जाम, तुझ पर आने न दूंगा।

अब तो मैं ये प्यार में गलत रास्तों पर, भटक जाऊं तो क्या
गम है
ये प्यार के रास्ते कभी नहीं होते जुड़े, प्यार की मन्जिल के लिये
इसमें जो जख्म मिलते हैं, वो ओढ़ लेते हैं गम की चादर
इसे तो कहते है मोहब्बत, जिसमें डूबते है हर कोई साहिल
के लिये।

इश्क में जलते तो है हम दीप की तरह, फिर भी रहता है अंधेरा
हम तो मुस्कुराना भी चाहे अपनी चाह से, तो वक्त मजबूर
कर गया
बहुत चाहत थी जीने की यह जिन्दगी, आपस में प्यार से
हमारे तो सपनों पर भी, तेरी पलकों का तेरा हक कर गया।

नाकामयाब इश्क है हमें अब अपनी उम्र तक, जीना नहीं आता
दूसरों की क्या सुनाये, अपने ही हक का प्यार, तुम से लिया
नहीं जाता
अब तो ये जिन्दगी बन गयी है मेरी, तेरी ही खैरात की
कभी न आयेंगे अब वो मुकाम, आगे कुछ किया नहीं जाता।

अभी तो अपनीही अभिलाषाओं से, जिन्दगी बोझ लगती है
बुरा वक्त जो था वह तो टल गया, अभी भी फिर बोझ लगती है
खुदा का शुक्र है, मेरी किताबों ने मोड़ा है, मेरे सफर को
अपने पराये हो गये, बस ये सोच, क्युं हर दिशा से लगती है।

फना होकर, फिर इक बार एक होकर, हर बार की तरह इस बार भी
मेरे मेहबूब तुम तो बादशाह हो, इश्क बर्बादी के हर बार के
क्युंकि तुम्हारे लिये हमारा दिल खिलौना है, पर हर बार समझना ठिक नही
चलो, इस बार फिर रूठ जाते हैं, बहुत दिन है गुजरे बिना तकरार के।

न जाने उनको क्या गिला है हम से, हम तो उनसे मुद्दतों से न मिल सके
अब सितम क्या है तेरे बाकी, जो कि तुझे भुला न सके
फिर भी देखता हूँ तुझे गैर संग, अपनी ही चोर नजरों से
तेरी ये दुनिया से तो मेरा ऐतबार ही उठ गया, फिर भी तेरे होकर तेरे दुश्मन न हो सके।

आज तो मेरे कोई लफ्ज राजी नहीं है
तुम्हारे कोई अल्फाज बनने को
आज ऐसा करो की तुम कुछ न पढ़ो
सिर्फ मेरे लबों की खामोशियां पढ़ लो।

तुम्हारा हाथ पकड़कर, रोक लेते हम
तुम्हारा हम पर, जरा सा भी जोर होता
न हम युं ही रोते, उम्र भर
अगर जिन्दगी में, सिवा तुम्हारे कोई हमारा होता।

उन परिन्दों को कैद करना
हमारी फितरत में नही
जो हमारे ही दिल में रहकर
किसी दूसरों के साथ, उड़ जाये।

शायद तेरी नजरों में, मेरी कोई औकात नहीं
लेकिन खुदा ने कोई तो, हसीन और बनायी होगी
जो हमारा हाथ पकड़कर
खुद पर नाज करें।

तुम कभी याद आते हो,
तुम कभी ख्वाबों में, छा जाते हो
पता नहीं, क्युं मेरे दिल को, सताने के लिये
तुम बेहिसाब आते हो।

आपकी हसरतों की, डोली के बाद
अब कोई हमें हसरत नहीं, अरमान नहीं
कोई तुम से, अब आस भी नही
तुम्हारी यादों के सिवा, अब तो कुछ भी हमारे पास नहीं।

तेरी बीती यादों का जहर
अब तो फैल गया है, हमारे दिल जिगर में
कहीं तो हमने, बहुत देर कर दी
तुम्हें भुलाने में।

तरीका तो मेरे कत्ल का, जो तुमने बनाया था
अब विरानेपन में, तुम उसे याद करो
अरे मैं तो मर जाऊंगा, तेरी दी हिचकियों से
सिर्फ तुम इतना, दिल से याद करो।

इश्क में जख्म, तेरे कहां कहां से मिले है
अब छोड़ इन बातों को
अब तो जिन्दगी, मुझे अब इतना बता
अब सफर और, कितना बाकी है।

हमेशा से कहते हो, तुम्हे छोड़कर, दूर चले जायेंगे
देखना, इक बार न मिलों, हम भी लौटकर नहीं आयेंगे
फिर कभी न तोड़ना, ऐसी दिल तोड़ने की बात
तुम्हारी हमारे जिस्म से रूह, कैसे अलग कर पायेंगे।

हमारी मजबूरियां है दूर जाने की, आज साथ देना है मुश्किल
लेकिन मेरे इश्क में है तासिर, तुम हर वक्त मेरा साया साथ
पाओगे
क्युं इतनी छोटी सी बात से, दूर मन्जिल बना रहे हो अपनी
देखना, तुम कभी भी कहीं भी, अकेले न रह पाओगे।

जिन्दगी तो युं ही बर्बाद हो गयी, पर कुछ सबक रह गये
हमारी ये प्यार की किताब के सिर्फ, दो सबक याद हुए
हम से प्यार करके, तुम जैसे तो आबाद हुए
तेरे जैसे से प्यार करके, हम तो बर्बाद हुए।

बचपन से आज तक की, तोड़ दो
वो सारी कसमें, जो तुमने हमारे साथ खायी हैं
फिर भी अगर कभी, हम एक-दूसरे को याद आयें
इसमें क्या बुराई है।

चलो, आज कोई अच्छी सी, सजा दो मुझ को
सब से अच्छी सजा है, भुला दो मुझ को
तुम से बिछड़कर कम से कम, मौत तो आ जाये
चलो, अपने ही दिल की गहराई से, दुआ दो मुझ को।

चलो, लगाते है नजर, प्यार की कश्ती के किनारों पर
कभी तो तुम्हारे दिल की, लहर तो इसमे आयेगी
क्या पता, तकदीर के इस झोंके से
मेरी जिन्दगी ही, बदल जायेगी।

इश्क के आँसू अगर, आँखों से निकलकर
गालों पर बह जाये, तो समझो इश्क में तकलीफ हुई
लेकिन अगर यही आँसू, आँख से निकलकर
अगर गले में अटक जाये, तो समझो, अंदर दिल टूटा है।

हमने तो तुम्हे, उस दिन से और
भी ज्यादा चाहा
जब से हमें मालूम हुआ कि
तुम हमारे, होना ही नहीं चाहते।

हमने तो प्यार में कभी मांगा नहीं, तुम्हारे शरीर से खेलना
तुम्हारा सिर्फ दीदार हो जाये, यही सहारा था
हमने तुम्हे मिलकर तो, जिन्दगी के निखार पाये थे
ख्वाबों में हमारी वो शाम गुजर जाती थी, हंसी ने हमें संवारा
था।

मिले तो चेहरे तुझ से खूबसूरत मगर, ये दिल कभी न माना
कभी
मेरी तो नजर में दूसरी हर हसीना, बस इक खिलौना ही रही
औरों की रही चाहत मुझ में पर, तुझे ही पाने की आस ही
रही
हम को तो रही सिर्फ जुस्तजुं तेरी, हमेशा अटकी सांसे सांस
ही रही।

न जाने कैसे बिछड़कर भी, तेरे दिल से मुलाकात होती रही
लगता है ये असर था पुराने इश्क का, या तेरे देखे ख्वाबों का
मुझे तो मालूम था कि हर कलि को शौक होता है, अपने
गुलशन को महकाने का
लेकिन पसंद तुम्हे कोई कमल आया, इसमें कसूर क्या था
हमारे गुलाब का।

हमारी तो हर फरियाद बनी जख्म, और जख्म बन गये नासूर
हमारे ही नसीब में क्युं, अश्कों का भरना लिखा था
तुम्हारे साथ देख गैर को, जलते थे अरमां हमारे
जिन्दा रहते रहते नसीब को, तरसना ही लिखा था।

मोहब्बत क्या है, इक हसीन तोहफा, इसे प्यार से जीना बेहतर
जिन्दगी भर लोग क्युं इसे, तन्हाई समझ के जागते है
अपने इश्क पर कर दे कुर्बान सब कुछ, कुछ न रख दिल में
बस प्यार की नजर रख दिलबर पर, दो दिल यही सहारा मांगते है

अगर भटकती न नजर, प्यार की कश्ती में मेरी
तेरा ये मांझी ही, सफर में डगमगा बैठा
तेरा हुस्न जो दिया था, खुदा ने तुझे जन्नत से
तेरे न जाने क्युं प्यार के साहिल से, मै नजर गंवा बैठा।

चलो, आज फिर से तन्हाइयां मिटाकर, फिर पहचान हो जाये
आज ही आज अपने फासले मिटाकर, दो दिल एक जान हो जाये
तेरे सारे दर्द तेरे गम सह लूंगा, तेरे इश्क के लिये
बस् ये गम के गुजरते दिन, इक महकती शाम हो जाये।

तुझे तो खो देना ही बेहतर था, तुझे न पाने की उम्मीद में
तुझे जो गम दिये है हमारे अपनों ने, वो मात खा गये वक्त
की मुरीद में
अब तो तेरी समझ ही समझा सकती है, हमारे प्यार के
कारवां को
फिर हमारा वो दर्द रहा अनकहा, कयामत के वो फसीद में।

प्यार में जो सपने दिखाये थे, वो तो दब गये सीने में
फिर भी तेरे जहां से मेरे कदम, तुझ से दूर ठहर जायेंगे
हमारा दिल भी तेरी दी हकीकतों का, गुलाम बन गया है
फिर जो ठहर गया है अरमान, सीने में वो कहां जायेंगे।

खैर, आज तो डूबी हुई हैं, मेरी ही उंगलियां
अपने ही खून में
हमारे ही दिल ने क्युं, तेरे कांच के टुकड़ों पर
भरोसा क्युं किया।

ये सच्चा प्यार भी, एक मोहब्बत की तरह
होता है
यहां जैसे तैसे, उम्र तो बीत जाती है
पर सजा, पूरी नहीं होती।

एक वो भी समय था, तेरी मोहब्बत में हम
मरने को सदा ही राजी थे
पर आज, तेरी दी बेवफाइयों ने
हमें जीना सीखा दिया।

जर की हालत हमारी कम न थी, उनके हिसाब से
फिर हमने अपना हाले दिल, उन्हे बताया
फिर भी जो इश्क था, उनका मुझ से कुछ नाखुश ही कर गया
वो उनके लबों ने नही, उनकी निगाहों ने जताया।

हम यह भी नहीं जानते वो क्युं, दूसरे मोड़ पर मुड़ गये साथ
चलते चलते
हमने तो एक ही रास्ता था पकड़ा, उसकी गली उसी की राह
पर थे
क्युं मेरी इश्क की बेगुनाही को, दे गयी वो सजा
है उन्होने कई बार देखा हमें, हम जहां थे बस वहां ही थे।

वो तो इतने नहीं थे खराब, फिर न जाने क्युं, तबाह करना
चाहते थे सुना दोस्तों से
हमारा दिल कैसे गंवारा करे, कि वो हमारा कत्ल भी करेंगे कभी
चलो, अब तो उन्होने हमें छोड़, गैरों का थाम लिया है दामन
पर कभी आरजू होती नहीं है पूरी उनकी, कितने चैन दर्द
होते भी।

हमारे प्यार के सिलसिलों के निशां, पुराने घर की बाहरी
दीवारों पर अब भी होंगे
हम जब तुझ से कुछ मजबूरियों से या, नाकामयाबियों से
जुदा होंगे
आपको क्या पता है, कि जिन्दगी ने देखे है कई सौ ख्वाब
जुदा तो कर देगा ये जहां, फिर टूटे तारों के बीच ही बिछड़े
अपने मकां होंगे।

इश्क की उम्र जरा बढ़ गयी तो असली मुकाम पर फिसलता
है हर रिश्ता

इश्क की डगर अगर पकड़नी हो तो, हर कदम चलो आहिस्ता
आहिस्ता

क्या पता वक्त अपने वक्त पर, कहां कर दे दोनों को मजबूर

यहां गैरों की तिजरतें ही होती है, इश्क का रिश्ता हो जाता
है सस्ता।

इश्क में अक्सर नसीब ऊंचे भी होते हैं, मस्त भी होते हैं

पर सच्चे आशिकों के इम्तिहान, जबरदस्त होते हैं

इसमें इतना दर्द दे जाता है ये रिश्ता, इसे निभाने से सब
डर जाते हैं

यहां इश्क या हुस्न कभी खामोश हुआ, तो ये बेवक्त ही मर
जाते हैं।

उनके इश्क में क्या हंसकर, कबूल कर ली क्या
सब सजा मैंने

उसके तो जमाने वाले ने, दस्तूर ही बना लिया

हर तरह का इल्जाम, मुझ पर लगाने का।

पूराने प्यार से, जो तकलीफें हुई

उसे दिल से, धीरे धीरे भूल जाओं

मगर उस तकलीफ से मिला है, जो सबक

हमेशा वो डगर, याद रखों।

इन्सान न टूटता है, न बिखरता है
बस इश्क में, दिल में थक जाता है
कभी खुद से, कभी किस्मत से
तो कभी अपनों से

प्यार में आशिक की, जिन्दगी के
अजीब अजीब से, फसाने हैं
यहां तीर भी चलाने हैं
और परिन्दे भी बचाने हैं।

दिल में अगर हो हौसला मजबूत
तो सफलता मिल ही जाती है
रात कितनी भी काली हो
प्यार की इक किरन से मिट ही जाती है।

जिन्दगी के सफर में मुश्किलें आयें तो, हिम्मत बढ़ ही जाती है
कोई अगर रास्ता रोके तो, जुर्रत और बढ़ जाती है
अगर बीकने को आये तो दाम घट जाते है, अक्सर
अगर न बीकने का इरादा हो, तो कीमत बढ़ ही जाती है।

ये तो हकीकत है, कि होता है असर बातों में
तुम भी खुल जाओगे हम से, दो चार मुलाकातों में
तुम से तो सदियों की वफाओं का, हमारा नाता भी था
अभी भी तुम से न बिछड़ने की, लकीरें है हमारे हाथों में।

यह हुस्न जिस जिस गली से, गुजरता है
क्या जाने इश्क वालों को, बेमौत मरना पड़ता है
उसको देख तो हर किसी में लग जाती है, बगावत की आग
उसका जब किसी, एक ही तरफ इशारा पड़ता है।

कभी कभी तो उसे खो देना ही गंवारा समझा, उसे न पाने
की उम्मीद में
वो हमारे गम बन ही नहीं सकते, अपनी खुशी की खरीद में
हमारी खुशियां तो बरबाद हो गयी, पर उनसे शिकवा न कर सके
क्युंकि उसके गैर का हुनर हम से नेक था, वक्त के मुरीद में।

जिन्दगी के सफर में हर इन्सां, मुश्किलों से गुजरता है
यहां का हर रास्ता, एक कठीन सफर तो चाहता है
शुरू में तो इन्सां इस राह सफर में, थक तो जाता है
बाद में इसीलिये हर मुसाफिर, एक हमसफर को चाहता है।

हम तो अपना दिल हल्का करने के लिये लिखते हैं
वर्ना जिस पर कोई आँसूओं का, असर न हो
उस पर
इतने दर्द दिल के अल्फाज, क्या असर करेंगे।

हमारी तो बस यही आरजू है, खुदा से
अब हमें वो पुराना प्यार, फिर नहीं चाहिए
बस् मुझे अब दुनिया से, कुछ नहीं चाहिए
सिफ मेरा वो हंसता खेलता दिल, वापस चाहिए।

तेरा मेरा दिल का रिश्ता भी, अजीब है
मिलों की दूरियां है, सिर्फ धड़कन करीब है
इन दूरियों ने कर दिया तुझे और भी, दिल के करीब
अब तेरा खयाल आये और न जाये, क्युं ऐसा नसीब है।

कितना खूबसूरत अंदाज है जीने का, चूप रहना
सोचो तो ये भी एक हुनर है जीने का, सब कुछ सहना
अकेले ही तन्हाइयों में सोचना और, सह लेना
यह भी बड़ा ऐब है दिल का, सब कुछ खुद से ही कह लेना।

कोई उम्र भर रहा बेखबर, मेरे अल्फाजों से
किसी को मेरी खामोशी में, दिलचस्पी न रही
अब मुझ से कोई हमदर्दी न करो, ऐ दुनिया वालों
वो भी दर्द हजारों दे गयी, जिससे हमदर्दी रही।

पता नहीं कितनी उदास सी है
मेरी पहली मोहब्बत मुझ से
ख्वाबों में भी मिलती है अक्सर
पर खामोश सी।

दिल में कुछ अरमान थे, वो आ ही जाते देर सवेर तुझ से
किसी न किसी तरीके से भेजा होता, इक पैगाम पर
हमें न बताया तुमने बिछड़कर, अपना पता ठिकाना
कैसे मिलने निकल पड़ते, तेरे ही उस मुकाम पर।

तुमने जो लिया था फैसला, वो तेरी गलती से कम नही
फिर भी तेरा ही खयाल रखा था दिल ने, तभी तो कोई गम नही
दोनों के दिल में किसी एक दिल को थी, बिछड़ने की पहल
अब मोहब्बत की बात पर जब, अंजाम ही न आया, ये भी
तो कम नही।

हमें कम से कम तूने छूने तो दिया होता, क्या पता था इतनी
होगी तू गाफिल
तेरी ये ही कश्मकश की जिन्दगी में, कुछ नहीं हुआ हासिल
ये मिलना बिछड़ना शायद, ये जिन्दगी का दस्तूर ही है
तभी तो तूने कर लिया उसको कबूल, कभी जो नहीं था तेरे
काबिल।

बेखुदी आज कहां ले आयी हम को, देर से ये इंतजार था
अपना
याद में रोते है रात दिन, अब तो यही है कारोबार अपना
देकर तुमको दिल आज है मजबूर, इसमें क्या इख्तियार है
अपना
जिसको तुम आसमां कहते है, वो सौ गमों का गुब्बार है
अपना।

कल न हम होंगे, न कोई गिला होगा
वहां सिर्फ सिमटी हुई, यादों का सिलसिला होगा
जो लम्हें है चलो, आज उसको हंसके बीता ले
जाने कल क्या, जिन्दगी का फैसला होगा।

आपके साथ प्यार में, फलक तक चलने की
ये न कभी दुआ कीजिए
मै तो अब जिन्दा हूँ, इस जमीं पर
पहले आप, मुझ से सिर्फ वफा कीजिए।

छोटी सी जिन्दगी है ये, हर हाल में खुश रहो
जो चेहरा आपके पास न हो
उसकी आवाज से खुश रहो
अगर कोई रूठ रहा हो, तो उसके अंदाज से खुश रहो।

इश्क तो एक धोखा है, फिर भी इश्क का साथ ही देना
जो रास्ते में पत्थर आये, उसे ठोकर से हरा देना
अपने इरादे को मजबूत फौलादी सी, बाजू देना
इश्कायी तो हर रोशनदानों को, मजबूती से खोल देता है, ये
तूफानों को बता देना।

जहां पर अपनों की याद न आये, वो तन्हाई किस काम की
जहां बिगड़े रिश्ते फिर न बन पाये, वो खुदाई किस काम की
बेशक हर एक को, अपनी मन्जिल तक जाना है
पर जहां अपने न दिखे, वो दिखाई किस काम की।

जिन्दगी की आरजू है हमारी, यार को रुलाये न हम
न तमन्ना है इस दिल में, अपने प्यार को भुलाये हम
पर यही हुआ है खुदा से, कि जितना याद करते है उसे
उसके भी दिल को, सदा उतना याद आये हम।

ईसारों क्युं मोहब्बत का
सिला मांग रहे हो
इस दौर के इन्सां से
यह क्या मांग रहे हो।

रंगीनीये दुनिया सब तो
जीने पर निर्भर है
जीने के लाख जतन कर लो
मरना तो मुकद्दर है।

इस तरह दुनिया मिली
शिकवा मिला, कोई गम नहीं
मैं तो समझता था
मेरा तेरे सिवा कोई नहीं।

हम जो रूठे तो वो खुद
हम को मनाने आये
याद गुजरे हुए
ऐसे भी जमाने आये।

वो खाक का पुतला है
मिट्टी का ही पैकर है
जिस दिल में नहीं हो उल्फत
वो दिल नहीं, पत्थर है।

कभी भूल से भी चश्में करम
अपनी इधर करना
अरे वो तिरछी नजर वाले
जरा नजर सीधी करना।

बनके अजनबी मिले थे, जिन्दगी के सफर में
इन यादों के लम्हों को, कभी भुलायेंगे नहीं
अगर याद रखना फितरत है, आपकी
तो भूल जाने की आदत, हमें भी नहीं।

इश्क हर किसी को, जीना सीखा देता है
वफा के नाम पर मरना, भी सीखा देता है
गर इश्क नहीं किया, करके तो देखिये
इश्क हर दर्द को, हंसना सीखा देता है।

प्यार में कहीं रिश्ते का, विश्वास न टूट जाये
प्यार का ये साथ, कहीं न टूट जाये
ऐ खुदा अगर, कही गलत हुआ तो संभाल लेना
कहीं कोई गलती से, हमारा यार न रूठ जाये।

आज देखिये कितना दर्द है, मेरी निगाहों में
उन्हे खुदा न दे दे, अजनबी राहों में
मैं तो जिन्दगी बीताना चाहताहूँ, उनकी बांहों में
चाहता हूँ मौत भी आ जाये, उनकी पनाहों में।

अगर पलक झुके, तो प्यार हो जाता है
अगर पलक उठे, तो इजहार हो जाता है
न जाने क्या कशीश रह जाती है, दीवानों में
कोई अन्जाना, किसी का हकदार हो जाता है।

कलम तो उठाई, मगर शब्द नहीं मिलता
जिन्हे दिल ढूंढ रहा है, वो शख्स नहीं मिलता
फिर भी हम फिर रहे हैं, हम उनकी तलाश में
बस् हमारे लिये ही, उनको वक्त नहीं मिलता।

पता नहीं क्युं कुछ, सपने अधूरे रह जाते हैं
हमारे दिल के गम, आँसूओं में बह जाते हैं
जब वो कहते है, कि हम आपके हैं
यह पता नहीं वो कैसे, अलविदा कह जाते हैं।

आशिकी में, दोस्त की बहुत अहमियत होती है
याद करो उनको तो, आँखों में नमी होती है
आज क्या है, नया दोस्त किसे भी बना लो
मगर पुराने दोस्त की बात ही, कुछ और होती है।

प्यार में दिल के जख्मों की, सिफारीश न हुई
कभी हमारी मुस्कान की, फरमाईश न हुई
जिन्हे देखने को तरसती थी, ये आँखे
मगर उन्हे हम से मिलने की, ख्वाहिश न हुई।

न शिकवा किसी का, न तो फरियाद किसी की
होनी थी जिन्दगी, बस् बरबाद किसी की
अहसास भी मिटा और, मिटी सारी उम्मीदें
सब कुछ मिटा, पर न मिटी, यादें किसी की।

आपके प्यार की ठोकरों से अब, इस दुनिया से चले जायेंगे
बाद उसके हर तारे में, आपको याद आयेंगे
फिर भी आप, जब भी कोई दुआ मांगोगे
हर टूटे हुए तारे में, हम आपको याद आयेंगे।

सारे अंजाम तेरी यादों के, आहें भरता है, कोई
हर सांस में रोक रोककर याद करता है, कोई
यह मौत तो आनी है, आयेगी इक दिन
फिर भी तुम्हारी यादों में मरता है, कोई

बिना दर्द के आँसू, बहाये नहीं जाते
बिना प्यार के रिश्ते, निभाये नहीं जाते
जिन्दगी में इक बात याद रखना, ऐ दोस्त
किसी को रुलाके, अपने सपने सजाये नहीं जाते।

तेरी यादें चुपके से, आँखों से बह जाती हैं
तुझे पाने की उम्मीदें, दिल में ही दब जाती हैं
जब भी तेरे बारे में, कुछ लिखना चाहूं
तो यह दुनिया मुझे, पागल शायर कह जाती है।

जालीमों के दौर में, वफा किस से रखे
तपती धूप में ही बैठा है, पेड़ लगाने वाला
आशिक आह और दिल पर, कब्जा कर ले
प्यार भीख से मांगोगे तो, यहां कोई कतरा नहीं मिलने वाला।

गैर को घर वालों से, भला क्या मतलब
होगा कोई अपना ही, आग लगाने वाला
क्युं न जाने मैं क्युं, तेरी मोहब्बत से डरताहूँ
क्युंकि हर कदम कदम पर दगा देता है, मुझ को मेरा चाहने
वाला।

प्यार का जब भी, मंजर डूबता है
और धरती आसमान, कंपकंपाते है
तब रूप धारण कर, आशिकों का
वो ही प्यार मोहब्बत का, फूल बरसातें हैं।

मोहब्बत के सिवा इस दुनिया में, कब कोई सहारा देता है
आशिक की नजर पड़ जाये तो, तूफां भी किनारा बनता है
आशिक अगर मौज में आये, कर दे शाह हुस्न वालों को
आशिक की मोहब्बत से जर्रा, हंसता हुआ तारा बनता है।

गम भी खुशियों में ढल जाता है, आशिक की रजा में जो रहता है
गुलों की बात तो एक तरफ, हर कांटा भी प्यारा लगता है
आशिक के दर की पाक धूल, बेहतर है कोई चंदन से
आशिक के इक प्यार का टुकड़ा, अमृत की धारा बनता है।

चाहे लाख गम हो जग में, ऐ आशिक तेरा प्यार मिलें
तेरी चाहत के आगे, इक प्यार में खुशी हजार मिलें
सिर्फ तेरी याद बसे दिल में, और कोई दिल में आ न सकें
जब आँख खुले तो तू नजर आये, बन्द हो तो तेरा दीदार मिलें।

रांझे तेरे मैखाने में सिर्फ, आँखों से पिलायी जाती है
जन्मों से जो बूझ न सके, वो प्यास बूझाई जाती है
मोहब्बत का जिसने जाम पिया, वो आशिक भी कबर से बोल उठा
मरने से पहले ही, मर मर के जिन्दगी पायी जाती है।

दीवाने जो तूने जीवन दिया है, तो इक एहसान भी कर
दास चरणों का अपना, बना ले न मुझे
आँसू निकल निकलकर, मिट्टी में न मिल जाऊं मैं
हाथ प्यार का देकर, रहमत का बचा ले न मुझे।

ए मोहब्बत तेरी, नजरों का जब तक सहारा नहीं
दोनों का पहुंचना मन्जिल तक, आसां नहीं
यहां हर राह पर कांटे बिछे हैं, राह में
इन उलझनों से निकल पाना, कोई आसान नहीं।

हे इश्क तेरी याद में, जो खो गये आबाद हो गये
याद तेरी जो भूले, वो बर्बाद हो गये
जो तेरी तरफ चल पड़े, वो तेरे हो गये
जो पीठ तुझ से कर बैठे, वो तुझे खो गये।

कभी हम भी मुस्कुराते थे
कभी हम भी अंधेरे में, शोर मचाते थे
क्या कहे उसी दीये ने जलाया, हमारे हाथों को
जिस दीये को हम हवाओं से, बचाते थे।

हर रात की चान्दनी का, गरूर आपसे
हर सुबह की औंस का, नूर आपसे
चाह कर भी, हम कह न पाये सनम
जिन्दा ही मर जायेंगे, रह कर दूर आपसे।

जहां के गम छुपाने के लिये, आसमां होता है
दिल के गम छुपाने के लिये, जहां होता है
मर कर भी छुपाने पड़ते है, गम शायद
इसीलिये हर लाश पर, सफेद कफन होता है।

महक गये तो होंठों पर, उनका नाम आ गया
प्यासे के हाथ प्यार का, जाम आ गया
झूम कर डगमगा गये कदम, गिरे उनकी बांहों में
कसम खुदा की आज, पीना भी काम आ गया।

मैं तो आदत हूँ उनकी, और वो जरूरत है मेरी
मैं फरमाइश हूँ तो, वो इबादत है मेरी
इतनी आसानी से कैसे निकाल दूं, उसे दिल से
मैं तो ख्वाब हूँ उनका, वो हकीकत है मेरी।

खुशियों से नाराज है, मेरी जिन्दगी
प्यार की मोहताज है, मेरी जिन्दगी
हंस तो हंस लेताहूँ, लोगों को हंसाने के लिये
वर्ना इक दर्द का किताब है, मेरी जिन्दगी।

दिल के दर्द को छुपाना, कितना मुश्किल है
टूट कर मुस्कुराना, कितना मुश्किल है
किसी के साथ दूर जाकर तो, देखो यारों
फिर लौट कर आना, कितना मुश्किल है।

गम न कर, जिन्दगी बहुत बड़ी है
चाहतों की महफिल, तेरे लिये खड़ी है
बस् एक बार दिल से, मुस्कुरा कर तो देखो
तकदीर तुझ से मिलने, बाहर खड़ी है।

यकीन कर, यकीन दिलाते है दोस्त
राह चलते को बेवकूफ बनाते है दोस्त
शरबत है बोल कर शराब पिलाते है दोस्त
पर क्या करें साले बहुत याद आते हैं दोस्त

दिल के समन्दर में, युं लहरें उठाया न करो
ख्वाब बनकर, नींद चुराया न करो
बहुत सी चोट लगती हैं, दिल पर मेरे
युं ख्वाबों में आकर, हमें तड़पाया न करो।

अगर रख सको, तो इक निशानी हूँ मैं
अगर खो दो, तो इक कहानी हूँ मैं
रोक न पाया, जिसको यह जमाना
वो बंद आँखों का, पानी हूँ मैं।

ख्वाहिशों से नहीं गिरते, फूल झोली में
मेहनत की शाखा को, हिलाना होगा
कुछ नहीं होगा कोसने से, अंधेरों को
अपने हिस्से का दीया, खुद ही जलाना होगा।

फांसले मिटाकर, आपस में प्यार रखना
दोस्ती का ये रिश्ता, हमेशा याद रखना
अगर बिछड़ भी जाये, कभी आपसे हम
आँखों से हमारा, हमेशा इंतजार रखना।

मोहब्बत का पता, बताया नहीं जाता
कभी भी किसी हमदर्द को, भुलाया नहीं जाता
सिर्फ आपको रखा है, दिल में उस जगह
जहां पर हर किसी को, समाया नहीं जाता।

यह काला धन भी होता है
कम्बख्त बेवफा लड़की की तरह
खुद मिट जायेगी लेकिन
किसी आशिक के काम नहीं आयेगी।

आपके नाम से, अपना नाम जोड़ लिया
दोस्ती में आपने जिसे, शीशे की तरह तोड़ दिया
अब तो आ जा, मुझे छोड़ कर जाने वाले
मैने हर गलती के तार को, तोड़ दिया।

शुक्र करो कि हम अपने दर्द
सहते हैं लिखते नहीं
वर्ना
यहां कागजों पर, लफ्जों के जनाजे उठते।

किसी सहरा में महकता, गुलिस्तां न हो जाऊं
हर ऐब सुधार लूं, तो फरिश्ता न हो जाऊं
सोचता हूँ वो बुलन्दी भी, किस काम की यारों
इन्सान चढ़े और, इन्सानियत को खो जाऊं।

तमन्नायें जब से इस दिल से
रूख्सत हो गयी
तभी से यारों इस दिल को
फुर्सत ही फुर्सत हो गयी।

तेरी सांसों में पनाह मिल जायें, तो कुछ बात बने
तेरे सीने में जगह मिल जाये, तो कुछ बात बने
वैसे तो रग रग में बसना चाहते हैं, हम तेरे
अगर तेरा साथ मिल जाये, तो कुछ बात बने।

तुझ से बिछड़े हैं तो अब, किस से मिलाती है हमें
जिन्दगी देखिये क्या रंग, दिखाती है हमें
अब तो दिल में न वो दर्द न आँखों में तुमियानी है
जाने क्युं सितम में ये दुनिया लिये जाती है हमें।